菊池道場流

1年間を見通した
白熱する教室のつくり方

菊池省三・菊池道場

中村堂

1年間を見通した 白熱する教室のつくり方　もくじ

はじめに　　　　　　　　　　　　　　　　　菊池省三　　　3

【イントロダクション】
菊池省三の考える「対話・話し合い授業の基本形」と白熱させるための教師の言葉かけ・指導のポイント　　菊池省三　　　6

【第Ⅰ期(4・5月)　対話ステップ1】話し合いの基本
「生きものはつながり中で」　　　　　　　　中山智文　　　21

【第Ⅱ期(6・7月)　ディベートステップ1】価値（ルール）
「ディベート　第一反駁」　　　　　　　　　林田渉　　　45

【第Ⅲ期(9～11月)　対話ステップ2】白熱の体験　　　　63
① 9月「平和のとりでを築く」　　　　　　　大西一豊　　　64
　10月「やまなし」
　　②兄弟の会話　　　　　　　　　　　　　中國達彬　　　92
　　③川の深さ　　　　　　　　　　　　　　重谷哲生　　116
　　④5月と12月はどちらが明るいか　　　　田中聖吾・谷川康一　140
⑤11月「鳥獣戯画」　　　　　　　　　　　　橋本慎也　　176

【第Ⅳ期(12・1月)　ディベーステップ2】価値（内容）
「ディベート　第二反駁」　　　　　　　　　錦織謙一　　200

【第Ⅴ期(2月)　対話ステップ3】考え続ける学びの体験
「海の命」　　　　　　　　　　　　　　　　菊池省三　　228

おわりに　　　　　　　　　　　　　　　　　菊池省三　　244

はじめに

「あのような白熱する話し合いはどうやって指導されるのですか？」

「最初からあのような子どもたちではないと思います。指導方法を教えていただきたい」

「年間の指導の実際を教えていただきたい。理想とする学級です」

「話し合いを通してずっと考え続けている姿に感動しました。人間として育っています」

このような声は、私の教室を参観された方や講演などで動画を観られた方からたくさんいただいていました。

本著は、そのような声に応えたものです。

私は、教師になってから、大村はま先生の単元学習、向山洋一先生や築地久子先生の討論の授業にあこがれて、書籍等を通してその指導方法を学んできました。

また、松本道弘先生や佐長健司先生他の多くの方から、ディベートの考え方とその指導の実際を学ばせていただきました。

そのような私なりの学びの中から、「菊池流」の対話・話し合いの指導方法を試行錯誤しながら開発してきたのです。その指導方法とは、以下の5つのステップを1年間の見通しをもって行うというものです。

第Ⅰ期…対話ステップ１　　話し合いの基本形を教える
第Ⅱ期…ディベートステップ１　ディベートのもつルールの価値を教える
第Ⅲ期…対話ステップ２　　白熱する体験をさせる
第Ⅳ期…ディベートステップ２　噛み合った議論の体験をさせる
第Ⅴ期…対話ステップ３　　自問自答し考え続ける体験をさせる

もちろん、コミュニケーション力は学級経営と同時進行で伸びていく力ですから、年間を通して「ほめ言葉のシャワー」「価値語指導」「成長

ノート」「質問タイム」などの指導を行っていきました。
　それらの指導を通して、コミュニケーション力を育てながら、子ども同士の関係性を温かく強いものにしていったのです。互いの違いを認めながら、自分らしさを発揮し合う関係性をつくり上げていったのです。
　この学級づくりの取り組みをしながら、先に述べた５つの指導のステップを子どもたちの実態を評価分析しながら進めていったのです。

「話し合いの授業があると、自分の中に力がみなぎってくるのが分かるのです」
「話し合いが白熱してくると、新しい考えや意見が頭の中に飛び出てくるのです」
「テーマについてずっと考え続けている新しい自分に気付けるところが好きなのです」
「みんなや友達と対話をしながら気が付かなかった世界に入れる自分がいるのです」

これらは、対話・話し合いの授業を1年間通して行ってきた菊池学級の子どもたちがよく口にすることです。豊かで確かな対話力を身に付け、他者との対話を繰り返しながら、考え続ける人間に育っていることが分かります。

　本著は、このような菊池学級の1年間の対話・話し合いの指導の実際を、菊池道場メンバーの実力のある9名の先生方に分析していただき、それらをまとめたものです。平成27年9月のシルバーウィークに北九州の道場に集まっていただき、夜を徹して検討し合い、記録に残っている動画や写真、作文などをもとに丁寧にまとめていただきました。断片的なそれらからの作業は大変だったと思います。その熱い思いと誠実に学ぼうとされる姿勢には、本当に感謝しています。
　心からお礼を申し上げます。ありがとうございました。

　また、「コミュニケーション力あふれる『菊池学級』のつくり方」「動画で見る菊池学級の子どもたち」「写真で見る菊池学級の子どもたち」（中村堂）に続いて、リアルな菊池学級を世に問うために、今回も中村堂・中村宏隆氏には企画から構成までお世話になりました。
　感謝の気持ちでいっぱいです。ありがとうございました。

　本著が、これからの日本の教育のあり方を、「知識注入型の一斉指導」から「対話・話し合い型の考える指導」に変え、全国にたくさんの白熱する教室が増え、そこから考え続ける人間が育っていくことに役立つことを願っています。

菊池道場　道場長　菊池　省三

> # 菊池省三の考える
> # 「対話・話し合い授業の基本形」と
> # 白熱させるための
> # 教師の言葉かけ・指導のポイント

1　対話・話し合い授業の基本形

　対話・話し合い授業の基本的な1時間の流れです。1学期に指導する第Ⅰ期の段階で体験させながら教えていきます。もちろん年間を通して指導していきます。

　基本となるスピーチ力、質問力、反論力などは、学習ゲームやディベートの指導でより鍛えていきます。

個 人→同じ立場のグループ→ 全 体 発 表 →同じ立場のグループ→
（意見）　　（意見拡大）　　（意見出し合い）　　（反論準備）
全体話し合い→個人思考→
（質疑反論）　（自問自答）

2　話し合いの基本的な流れを成立させるための教師の言葉がけ

　1で述べた基本的な1時間の各活動を成立させるために、私が子どもたちに話す代表的な言葉です。各活動別に挙げています。主に1学期に使う言葉です。

■個人の意見を作らせる場面
1．個人で自分の立場を決める【自己決定力を鍛える】
・自分の立場を決めましょう。（AかBか、賛成か反対か、AかBかCかなど。）
・ノートにズバリと書きます。今の立場で決めます。どっちかにとりあ

えず決めるのです。
・途中で変わってもかまいません。変わる人はそれだけ考えた人です。

2．自分の立場を公表する【必要な立ち歩きの体験を意識させる】
・黒板に自画像画を貼りましょう。
・ノートに書いたところに貼ります。一人が美しい。
・同じ立場はチームです。

3．先を読むことを意識する【能動的な学習態度を育てる】
・次に、先生は何と聞くでしょう。
・理由を考えることが大切です。理由には自分らしさが出てきます。
・理由がないのは「いじめ」です。

4．集中力して取り組む【具体的な数値目標を示し、学習意欲を高める】
・理由を箇条書きで3つ書きましょう。時間は5分間です。
・一文一義で書きます。
・スピードを上げます。

5．出席者ではなく参加者になる【基本的に全員の全てに○を付け、参加意欲を高める】
・書けた人は、ノートを持って来なさい。
・すばらしい、さすがだ、○○さんらしいなど。
・これは発表してほしい、今日は活躍しそうだね。

6．常に考える【空白の時間を作らない】
・○がついた人は、時間いっぱい書きましょう。
・数が増えるとオリジナルの意見が出てきます。
・たくさん書いた人が話し合いに勝てる人でしょう。

7．メリハリをつける【活動の区切りをはっきりさせる。授業に緊張感を持たせる】
・止めましょう。
・切り替えスピードを上げます。
・限られた時間の中で力を発揮するのです。

■同じ立場のグループで意見の拡大を促す場面
8．自由から話し合いに参加する【話し合いの仕方を理解させる】
・同じ立場の人とグループになります。
・対話のために自分から動ける人になろう。
・友達から「ありがとう」と言われる人になろう。

9．意見を拡大する【自分の考えを確かなものにさせる】
・書いた理由を読み合って話し合いをします。
・否定をしない話し合いができるようになろう。
・誰とでも話し合うことのできる大人になろう。

10．人と意見を区別する【活動の目的や価値を考えさせる】
・なぜ、同じグループの人と話し合いをするのでしょうか。
・教室の中の活動は全て意味があるのです。
・意味、目的に沿った行動を最優先するのです。

■全体でお互いの意見を出し合わさせる場面
11．自分の意見、立場の意見を発表する【出席者ではなく参加者になることを促す】
・○グループの人は、理由を発表してください。
・参加者としての責任を果たします。
・「活動→発表」をセットにするのです。

■同じ立場のグループで質問や反論を準備させる場面
12. 意見を成長させ合う仕方と目的を理解する
　【反論の価値を理解させる】
・相手の意見に反論を考えます。
・反論がないということは認めたということです。
・「質問→反論」「引用→反論」という対話の仕方をしましょう。

■全体で質疑や反論をさせる場面
13. 意見を成長させ合う【人と意見を区別することの価値を教える】
・○グループの人は、相手の意見に反論をしてください。
・相手の理由に反論しましょう。
・反論されて喜べる人になろう。

14. 自分から考え続ける【考える、考え合うことを優先する
　学び方を考える】
・自分が対話したい人のところに行って話し合いなさい。
・何が分かればいいのか分かる学びをしよう。
・Win-Win-Winの関係を目指そう。

■振り返りをして自問自答させる場面
15. 学びを振り返る【対話の価値に気づかせる】
・新しい発見をノートに書きましょう。
・変化したことを書こう。
・新しい発見や気付きがある人が成長しているのです。

16. 全員で学びを深め合う【学びの価値付けをさせる】
・書いたことを発表しましょう。
・比べながら聞きます。
・みんなで学び合ったすばらしさに拍手をし合いましょう。

3 気になる子どもがいた時の対応の仕方

1の基本的な授業の流れを成立させるために、2で述べた言葉かけをしても、年度初めには以下のような子どもが教室内にいることがあります。その時の対応の例です。

1．立場を決めることができない子どもがいた時

基本的には、どれかに決めさせます。
「後で何度も変わっていいのだから、とりあえずここかな、と決めよう」
「鉛筆を転がして出てきたところにしよう」
「誰も死なない。適当に決めよう」
　子どもを追い詰めないことです。基本的には納得解の学びですから、どちらを選んでも構わないのですから。教師は、明るくこのように言えばいいのです。子どもたちは、
「最初から正解でないといけない」
「途中で変えるということは間違えたことを認めてしまうこと、それは恥ずかしいこと」
　と、考えているようです。だから、決めることが怖いのです。納得解の話し合いの面白さが分かり始めると、そのようなことが気にならなくなります。

2．理由が書けない子どもがいた場合

このような子どもがいた場合、いつも意識していることは次の2つです。
（1）　教師がつぶやく
　　机間指導の時に、
　「～～～と書いている人がいる、さすがだなぁ」

「なるほど、〜〜〜とも考えられるね」
などと、「答え」をつぶやくのです。
「先生の言うことをそのまま書いていいんだよ」
とも言います。写せばいいということです。
（２）　友達と相談させる
　　個人作業で書けなくても、その後の同じ立場のグループで相談し合う時に書ければいいと考えています。
　　個人作業では鉛筆で理由を箇条書きで書かせています。その後のグループの話し合いで増えた理由は、赤鉛筆で書かせます。赤が増えた子どもは、それだけ友達と相談したことになります。それを大きくほめます。

３．仲の良い友だちと集まる時

　最初のうちは、それもとりあえず「認め」ます。その上で行う基本的な指導は、次のとおりです。
・前もってやめようとくぎを刺す
　黒板にそのような人物の動きを簡単な絵にして示します。そして、そのような人は、
・人と意見を区別できない
・それだけ幼い人である
・全員で考え合う教室にはふさわしくない
　などと話します。そして、黒板のその絵に赤チョークで×印を書きます。「止めようね」とくぎを刺すのです。

４．発言がどうしてもできない子どもがいた時

　講演先でよく次のような質問を受けます。
「菊池先生のクラスで発言が苦手な子どもはいませんか？」

「どうしても発言できない子どもがいた時はどうするのですか？」
　といった質問です。正直、「またそれか」と思ってしまいます。とても悲しくなるのです。
　実際の講座では、話し合いの動画を公開しています。その動画を見れば、聞いている子どもたちの様子も分かったはずなのに・・・と思うからです。このように思って、「またそれか。何を見ていたんだろう・・・」と考えてしまうからです。多くの先生方は、
「全員が常に手を挙げる、発言する」
であらねばならないと思っておられるようです。まずは、その考え方を止めるべきです。子どもたちを意味なく追い込むことになります。授業が固いものになります。対話の醍醐味でもある「新しい発見」「自分の変容」にいかないで、発言の回数だけを競う授業（学習）になってしまいます。
　私の発言についてのスタンスは、
①しっかりと聞いていたら発言以上に話し合いに参加していると判断する
②まず、書かせて、それを読んでも立派な発表とする
　ということです。こう考えることで、「発言できない子」も教師も楽になれます。学級全員も落ち着いて考えることができるようになります。もちろんそれでも発言できない子どもはいます。そのような子どもたちの指導については、１年間という期間があるのですから最初は気にしません。
「焦らない」ということがポイントです。

５．明らかに根拠が崩れているのに立場を変わろうとしない時

　授業の場面で違います。まだたくさん意見が乱立している時は、
「もうだめですね。変わりましょう」
　と言って、変えさせます。これが原則です。それでも変わらない時は、

「潔く変わりましょう」
　とか、
「さっと変わった方がかっこいいよ」
　などと言って促します。もちろんすぐに変わった方がいいタイプの子どもと、少し考えさせてあげたらいいタイプの子どもがいますから、そのあたりは配慮しての指導です。『潔さ』がキーワードです。「意見と人を区別する」という考え方が浸透してきている学級は、このキーワードが力を発揮します。

　意見が２つほどに絞られていて、２大論争になっている時は、そのままある程度の時間をかけます。お互いに納得するまで戦わせます。

６．発問、テーマで明らかに人数の偏りがあった場合

　この場合は、菊池学級の「名言」があります。
「誰か、（人数が少ない）こっちに『散歩』に来たい人いませんか？」
　と、子どもたちに聞くのです。前述した「人と意見を区別する」ということを楽しもうという子どもたちは、「散歩」します。つまり、自分の「本音」とは別の立場からも喜んで意見を言おうとします。
「両面から意見が言えるということが、論理的思考力がある、ということなのですよ。すばらしいですね」
　とほめます。子どもたちは、意見を戦わせる相手ができたことで、楽しみながら白熱していきます。

７．感情的になりすぎた時

　話し合いが上手な子ども、学級は、必ずと言っていいほど、「笑顔」です。険しい顔で話す子どもは、相手や場を読めていません。余裕がないのです。議論の全体や先を読めていないのでしょう。子どもたちが感情的になった時は、ユーモアいっぱいに、

「笑顔がかわいいよ」
「スマイル！スマイル！」
　などと言ってあげます。本人が気付いてにっこりすると、教室の中にも笑顔が広がります。

8．子どもたちの話し合いがずれていった時

　基本的に「そのまま」にします。子どもたちが気付くのを待ちます。多くの場合、誰かが指摘して、修正されるからです。教師からみて内容的に関係ないところで白熱しているようですが、子どもなりに理由があるようです。子どもたちは上手く軌道修正するものです。過去のビデオを見直していると、年度初めの頃は、「正解」にこだわっている様子が伝わってきます。

　しかし、白熱する話し合いが行われるようになってくると、「正誤」にこだわることが少なくなって、「友達との関わり」そのものを楽しむようになってきます。つまり、話し合いのずれをある意味気にしなくなるのです。

　このことは、とても重要なことだと思っています。よくないことだとも全く思っていないのです。大胆な言い方をすれば、知識を（正誤）を求めるのではなく、他者との関係を楽しむようになるのです。もっと大胆な言い方をすれば、「他者とのかかわりを通して、自分の変容を楽しむ」ようになるのです。「話し合いの授業」では、とても大きなポイントだと考えています。

9．仲の良い友だちに引きずられている子どもがいた時

　このことについても、基本的には「そのまま」にします。「待つ」ということです。子どもたちは急には変わりません。その理由と私が考えていることを書いてみます。

・一斉指導型に慣れきっている
・授業は「正解」を求めるものだ、という意識で参加している
・最初から「正解」を求めないといけないという意識が強い
・最初に決めた「正解」と思う「立場＝主張」を変えてはいけないと思っている
・授業の中でそもそも意見を変えたというような経験がない
・友達と話し合って考えを変えたり深めたりという経験に乏しい

　多くはこのような実態でしょう。だから、不安なのです。仲のよい友達と同じでないと怖いのでしょう。友達との関係がよくなる、考えは変わっていいのだという学習体験が増える、ということがない限り、引きずられるのは仕方がないことであると判断しているのです。ですから、このような子どもがいても基本的には「そのまま」にしておくのです。

10. 意見が出なくなった時

　基本は、次の２つです
（１）　書かせることです。
　　・自由に書かせる
　　・「○○について」と限定して書かせる
　　　自由に書かせる場合は、箇条書きで書かせます。質を追うよりも量で勝負させます。とにかくたくさん書かせます。
　　「○個以上書きましょう」
　　「○分以内で書きましょう」
　　　と数を指定して書かせます。
　　　限定させて書かせる場合は、
　　・賛成か反対か
　　　をまず問います。○か×かと結論を最初に問うのです。その後に理由を書かせます。書かせ方は、先に述べた「自由に書かせる」場合と同じです。

（2）ペアやグループで相談させることです。

　ポイントは、何について話し合いをするのかはっきりと伝えるということです。多くの場合、

「では、隣の人と話し合いましょう」

「グループで相談しましょう」

　というだけです。意見が出ないから何となく話しましょう、といった「丸投げ」の指示が多いようです。

　そうではなく、例えば、

・向き合いましょう。

・「よろしくお願いします」の挨拶をしましょう。

・○○について話し合います。

・時間は○分です。

（話し合い）

・止めましょう。

・「ありがとうございました」とお礼を言いましょう。

　といったきちんとした指示が必要です。慣れれば言わなくても普通に行います。

11．個人攻撃的になった時

　状況にもよりますが、基本は止めさせます。ただ、

・お互いに人と意見の区別が「ある程度」できている

・正誤ではなく、「攻撃」されている子どもの内面の成長が期待できるようであれば様子を見ます。今の私の問題意識では、ここのところはとても重要だと考えています。話し合い学習の醍醐味です。

12．明らかな間違い内容があった時

　このことについても、11の「個人攻撃的になった時」と同じです。

「正誤ではなく、『攻撃』されている子どもの内面の成長が期待できる」ということであれば、話し合いをそのまま続けます。ある程度育っている子どもたちでしたら、誰かが指摘し、話し合いを通してその間違えた子どもは気付くはずです。その学びが大切だと考えています。「正誤、知識よりも子ども自身の変容」に学びの価値があると判断しているからです。

4　白熱した話し合いを起こすための「規模の拡大」ポイント

　基本形を体験させつつ、以下のような子どもが出てきた時には大きくほめます。その具体的な行為を取り上げ、なぜその行為がよいのかを意味付け価値付けして、全員にそのことを説明してほめるのです。学びの活動の「規模」の拡大を図るのです。そうすることによって、
・教師が子どもたちの視界から消える
・黒板を子どもたちに開放する
・自由に立ち歩いて友だちと対話をさせる
・学びに必要と判断できれば、教室外にも出させる
　といった状態を作り出すのです。
　以下は、私がそのためにほめる子どもたちの具体的な行為例です。主に、第Ⅱ期から第Ⅳ期にかけて指導するポイントです。

1．休み時間も考え続けている子どもがいた時
2．家庭で続きを準備している子どもがいた時
3．話し合いの輪に友達を誘っている子どもがいた時
4．資料を図書室やパソコン室に探しに行こうとした子どもがいた時
5．過去の学習経験を生かして意見を言った子どもがいた時
6．価値語を使って相手や友達の発言や態度を認めた子どもがいた時
7．相手へのクッション言葉を使って反論しようとした子どもがいた時
8．潔く立場を変えた子どもがいた時

9．自分の立場を守ろうと粘り強く意見を言い続けた子どもがいた時
10．納得するまで考え続けようとする子どもがいた時
11．一人になっても全員と対立して意見を貫こうとした子どもがいた時
12．相手の意見に対して確認の質問をした上で反論をした子どもがいた時
13．白熱した時でも笑顔で落ち着いて話をした子どもがいた時
14．友達同士の話し合いを仕切ることをした子どもがいた時
15．友達のよさを感想に書いている子どもがいた時
16．自分の欠点を正直に書いていた子どもがいた時
17．反対の立場でも相手のよさを指摘した子どもがいた時
18．ノートのメモを発言時に活用した子どもがいた時
19．メインの話し合いから必要に応じて席を立ってサブの話し合いをした子どもがいた時
20．教科書やノートへのメモ的書き込みをした子どもがいた時
21．教師に、話し合いの仕方、あり方について相談に来た子どもがいた時
22．「例えば？」「もう少し具体的に」という言葉を使った子どもがいた時
23．「ようするに」「〜ということですね」と束ねる意見を言った子どもがいた時
24．「〜というように考えると」と相手の思考のあり方の間違いを指摘する発言をした子どもがいた時
25．「私たちは〜と考えて」と限定して意見を通そうとする子どもがいた時
26．「じゃあ、〜ということになるね」と新しい意見に気づいた子どもがいた時
27．全員が白熱するために敢えて反対の立場に立って意見を述べようとした子どもがいた時

28. 勝ち負けを超えて、白熱することを楽しんでいる様子が分かる子どもがいた時
29. 全体の話し合いを仕切って進めようとする子どもがいた時
30. テーマの中の言葉の定義を質問してきた子どもがいた時
31. 「今の意見はどうですか？」と聞いたときにすぐに判断できる集中した聞き方ができている子ども
32. 常に正対して話を聞こうとしている子どもがいた時
33. ノートに書いていないことを発言した時
34. 普段仲のよい友達と反論し合った子どもがいた時
35. 白熱した後の休み時間に、そのことと関係なく仲よく遊んでいる子どもたちがいた時
36. 白熱した後で自分からすすんで相手に「ありがとうございました」と言った子どもがいた時

　このような指導を年間を通して行います。そうすることによって、「一斉指導における知識理解重視の授業から、対話・話し合いを通して他者とのかかわりの中から起きる内側の変容重視の授業」へと子どもたちの学びを変えていきます。つまり、「覚える授業」から「考える授業」へと変えていくのです。
　このような学びを数多く体験した子どもは、他者と対話を通して学び続ける楽しさを知ります。「考え続ける人間」へと成長していきます。

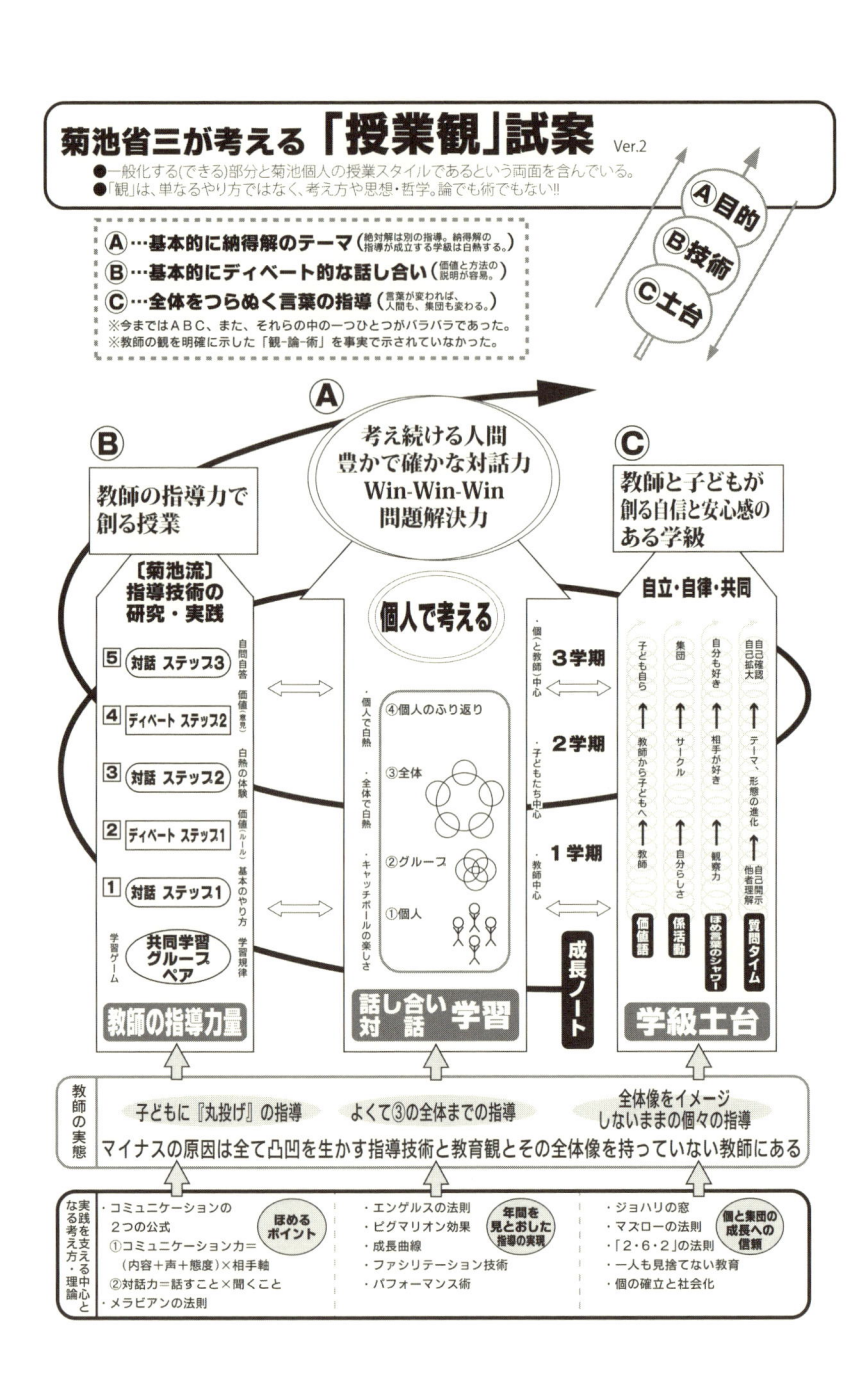

菊池省三が考える「授業観」試案 Ver.2

- 一般化する（できる）部分と菊池個人の授業スタイルであるという両面を含んでいる。
- 「観」は、単なるやり方ではなく、考え方や思想・哲学。論でも術でもない!!

Ⓐ…基本的に納得解のテーマ（絶対解は別の指導。納得解の指導が成立する学級は自然する。）
Ⓑ…基本的にディベート的な話し合い（価値と方法の説明と方法が容易。）
Ⓒ…全体をつらぬく言葉の指導（言葉が変われば、人間も、集団も変わる。）

※今まではＡＢＣ、また、それらの中の一つひとつがバラバラであった。
※教師の観を明確に示した「観－論－術」を事実で示されていなかった。

Ⓐ 目的
Ⓑ 技術
Ⓒ 土台

Ⓐ 考え続ける人間 豊かで確かな対話力 Win-Win-Win 問題解決力

Ⓑ 教師の指導力で創る授業

〔菊池流〕指導技術の研究・実践

5 対話 ステップ3
4 ディベート ステップ2
3 対話 ステップ2
2 ディベート ステップ1
1 対話 ステップ1
共同学習 グループ ペア

自問自答／価値（意欲）／白熱の体験／価値（ルール）／基本のやり方／学習規律／学習ゲーム

教師の指導力量

個人で考える

- 個と教師が中心
- 個で白熱
- 全体で白熱
- キャッチボールの美しさ

④個人のふり返り
③全体
②グループ
①個人

3学期／2学期／1学期
個と教師が中心／子どもたち中心／教師中心

成長ノート

話し合い 対話 学習

Ⓒ 教師と子どもが創る自信と安心感のある学級

自立・自律・共同

子ども自ら ← 教師から子どもへ ← 教師
集団 ← サークル
自分も好き ← 自分らしさ ← 観察力 ← 相手が好き
自己確認 自己拡大 ← テーマ、形態の進化 ← 自己開示 他者理解

価値語／係活動／ほめ言葉のシャワー／質問タイム

学級土台

教師の実態
- 子どもに『丸投げ』の指導
- よくて③の全体までの指導
- 全体像をイメージしないままの個々の指導

マイナスの原因は全て凸凹を生かす指導技術と教育観とその全体像を持っていない教師にある

実践を支える考え方・理論と中心

- コミュニケーションの2つの公式
  ①コミュニケーション力＝（内容＋声＋態度）×相手軸
  ②対話力＝話すこと×聞くこと
- メラビアンの法則

ほめるポイント

- エンゲルスの法則
- ピグマリオン効果
- 成長曲線
- ファシリテーション技術
- パフォーマンス術

年間を見とおした指導の実現

- ジョハリの窓
- マズローの法則
- ｢2・6・2｣の法則
- 一人も見捨てない教育
- 個の確立と社会化

個と集団の成長への信頼

第Ⅰ期（4・5月）
対話ステップ1

第Ⅰ期 (4・5月)
対話ステップ1

話し合いの基本

広島県廿日市市立大野東小学校
中山智文

■話し合いの基本を教える

○クラスのメンバーや担任が変わることで、子どもたちは今までと異なる環境に不安を感じます。学習や人間関係に対する不安が大きいでしょう。こうした不安を取り除くことが大切です。そのためには、「基本を教えてほめる」ことが重要です。手本を示し、力強くほめ、子どもたちに自信をつけさせていきます。

○人間関係を築くためには、教師が互いを知る場を設定します。「質問タイム」や「ほめ言葉のシャワー」などを行い、友達との共通点や、自分や友達の良さに気付かせていきます。友達は自分の良さを認めてくれるという安心感をつくり出すことで、子ども同士が積極的に関わり、信頼感が強化されていきます。

○学習については、基本となる学び方を教えていきます。教師が教えながら子どもたちにやらせてみて、できたことをほめます。例え、教えた通りに子どもができなくても叱らないことが大切です。なぜなら、失敗を恐れてチャレンジをしなくなってしまうからです。意識したいのは、周りの子と比べないことです。全体の中でどれだけできたかではなく、一個人としてどこが成長したのかを見取っていくことで、子どもたちに最後まで努力しようとする態度が身に付いていきます。

○4月の段階ではほとんど教師が主体となって物事を進めていきます。この初めの段階で子ども同士の人間関係の土台をつくり、学習の基本を教えることで学級に安心感が生まれ、新たなことへチャレンジしようという児童に育っていきます。

| 第Ⅰ期 | 第Ⅱ期 | 第Ⅲ期 | 第Ⅳ期 | 第Ⅴ期 |

指導のポイント

1. 話し合いの基本型を示す
2. 全員参加を促す人間関係づくり
3. 白熱につながる学習スタイルの定着
4. 全員参加を促す教師の働きかけ

教材「生き物はつながりの中で」（平成26年度　光村版国語教科書6年）

1. 話し合いの基本型を示す

■問いの答えに当たる段落はどこか

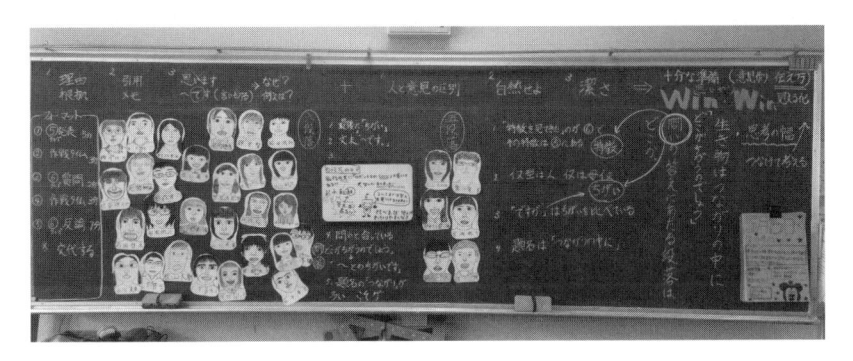

　この「生き物はつながりの中で」は、6年生最初の説明文です。今までの説明文の学習で学んできたことを生かしながら、筆者が伝えようとしている中心である「要旨」をとらえる必要があります。そのため、語句の使い方や文末表現に着目して、筆者の意図をとらえたり、文章全体の構成を手がかりに、筆者の意図の軽重を見分けてどこに主張の中心があるのかをとらえたりしていかなければなりません。

　音読を繰り返し行い、本文の内容をある程度子どもたちが理解してきたところで、菊池先生は、次のような発問を提示しました。

第Ⅰ期 (4・5月)
対話ステップ1

> 問いの答えに当たる段落はどこか。

　この発問を提示し、まずは個人で考えるよう指示を出しました。そこから子どもたちは、教科書を読み返しながらノートに自分の考えを書き込みました。

　そして、子どもたちから「5段落」と「6段落」という二つの意見が出されました。ここで菊池先生は、子どもたち全員を黒板に向かわせて、自画像を貼らせました。とりあえずの立場を全員に決めさせることで、傍観者ではなく参加者であるという意識をしっかりともたせるためです。

■話し合いを成功させる技術指導

　意見が分かれた時には、自分たちの意見を立証するための根拠を考え、相手を説得する必要があります。菊池学級では、ここからグループでの話し合いが始まります。始める前に、菊池先生は次のことを確認しました。

1．意見には理由や根拠が必要である。(説得力が増すため)
2．教科書から根拠となる言葉や文を引用する。(思いつきにならないため)
3．発表する時は、「～思います」ではなく、「～です」と言い切る。

> （自分の意見に責任をもたせるため）
> ⬇
> ※こうして出された意見から新たな疑問や具体的事例を発見していく

　何度も教科書を読み返し、友達と意見を交流させることで洗練された意見ができあがりました。

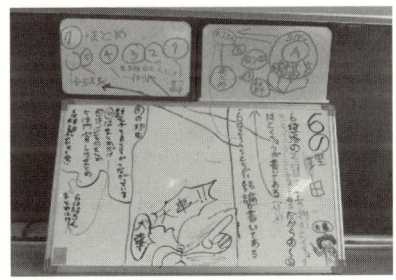

　このように事前にポイントを伝えておくことで、子どもたちは安心して作業に取り組むことができます。また、理由の明確でないものは説得力に欠けるということを知ることで、適当な発言はすぐに潰されてしまうという緊張感がクラスの中に漂い、一層子どもたちのやる気にも火が着きます。
　さらに、菊池先生は、同じタイミングで、

> ・人と意見を区別する。　・白熱せよ。
> ・潔さ　　　　　　　　・WIN-WIN（の関係）

という４つの価値語を提示されています。

第Ⅰ期 (4・5月)
対話ステップ1

　子ども同士の人間関係がまだできあがっていない時期には、子どもたちは意見ではなく人で物事を判断してしまいがちです。このような態度は、それだけ幼いということであり、やめるべきだということを早い段階で教えておくことが大切です。また、自分の意見を変えられない子どもが出てくる可能性があるため、時には潔く諦めることも立派なことだと伝えます。こうしたポイントを押さえることで、話し合いの中で起こり得る問題を未然に回避し、相対する意見の子どもたちは激しい意見のぶつけ合いをしつつも、お互いに学びを深めることができる＝ＷＩＮ-ＷＩＮの関係を築いていけるのです。

　そして、いよいよ互いの立場から意見を出し合うというタイミングで、菊池先生は次のフォーマットを提示しています

---

①５段落グループ発表（5分）　　④作戦タイム（3分）
②作戦タイム（3分）　　　　　　⑤６段落グループ反論（7分）
③６段落グループ質問（2分）　　※交代する

　いきなり、「では、意見を出し合いましょう」と突き放すことは無秩序の中で意見が飛び交うことになり、口げんかや罵り合いになってしまう危険があります。話し合いの流れを教えることで、子どもたちは見通しをもつことができ、安心感のある話し合いができるようになるのです。さらに、子どもたちが流れを知ることで「先を読む」ことができるようになっていきます。自分の意見を立証するために、インターネットや本で調べたり、相手グループへの反論や相手グループから出されるであろう、反論への回答などを予測しながら考えることができるようになるのです。

　また、注目すべきは一つ一つの活動の制限時間の短さです。短い時間設定の中で、相手グループを説得したり、質問に対する回答や反論を考えたりしなければならないため、出された意見を精選する必要があります。このような条件の下で話し合いを行うことで、少しずつ子どもたち

| 第Ⅰ期 | 第Ⅱ期 | 第Ⅲ期 | 第Ⅳ期 | 第Ⅴ期 |

は鍛えられ、説得力のある意見や鋭い反論、質問に対応する力を高めていくのです。

そして、最後には必ず振り返りを子どもたちにさせています。この作業を入れることで、子どもたちは自分を客観的に見て評価することができます。今回の話し合いでは、何が成長したのか、またどんなところを次は成長させるべきかといったことを子どもたちは書き込んでいきます。中には、同じグループの仲間の良さや相手グループの強さなどに視点を向けた振り返りもあり、クラスの中に人のプラスな面をよく見ようという意識が感じられました。

さらに、菊池先生は文章だけでなく、点数を用いて自分自身を評価させていました。点数を付けさせることで、子どもたちは前回との自分と比較して考えやすくなりますし、教師の側からも一人ひとりのちょっとした変容を見取りやすくなるからです。こうした細かい部分にもスポットを当ててほめることで、無理なく話し合いの型が子どもたちに定着していったのでしょう。

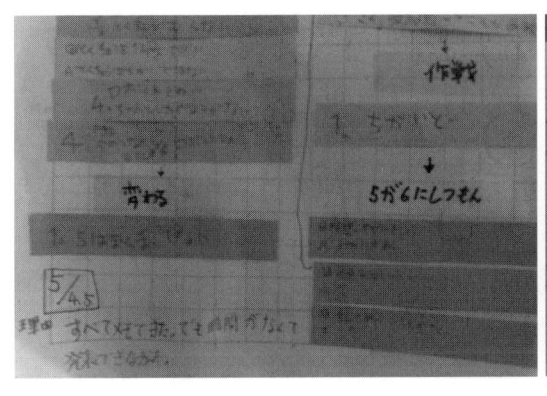

菊池学級の話し合いの流れを示すと次のようになります。

①先生からの質問に対し、立場を決める。
②立場の理由を書く。
③書いたことを発表する。

第Ⅰ期（4・5月）
対話ステップ1

　　④違う立場に反論する。
　　⑤学んだことの感想を書く。

2. 全員参加を促す人間関係づくり

■ほめ言葉のシャワーでクラスの土台を築く

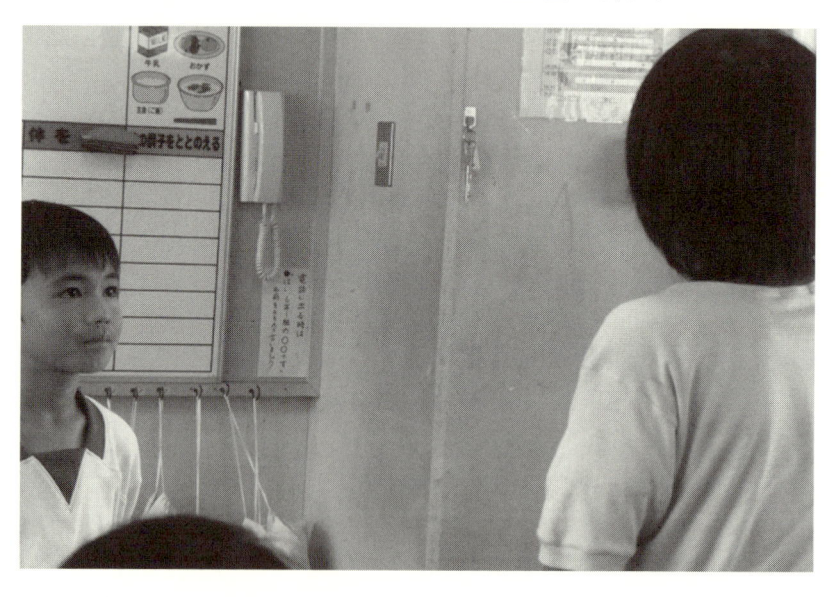

　話し合いの技術や興味深いテーマを示しても、学級の人間関係が築けていない状況では、充実した話し合いはできません。新しいクラスに変わったばかりの時期は、子どもたちは、「自分の意見を言ったら笑われるのではないか」「間違えるのが恥ずかしい」という不安を抱えているからです。そうした根底の部分を改善するために菊池先生は「ほめ言葉のシャワー」を実践されています。

　1学期の最初の段階では、教師が日常生活の中から子どもたちのプラスな行動を見つけ、価値付けていきます。そして、子どもたちに人をほ

| **第Ⅰ期** | 第Ⅱ期 | 第Ⅲ期 | 第Ⅳ期 | 第Ⅴ期 |

めるための視点や伝え方を教師が見本を示しながら指導していくのです。

　ほめ言葉のシャワーでは、その日の日直に当たる友達の良いところをクラスの全員が一人ずつほめていきます。最初は、表面的なことをほめたり、他の友達と同じ内容をほめたりしがちですが、繰り返し行うことで、少しずつ見えにくい内面的なことについてほめたり、一人ひとりのほめるバリエーションが増えたりしていくのです。この活動を続けていくと子どもたちは友達の良いところに目を向けるようになり、頑張れば認めてもらえる、友達から信頼されているという温かい雰囲気がクラスの中に広がっていきます。こうしたクラスの土台が築かれることで、話し合いの中にもプラスの流れが生まれます。

　例えば、次のようなことです。

> 話している人の方を向き、意見をしっかりと聴く。

　話している相手を見て聴くということは、相手を大切にしているということであり、それだけ一人ひとりの意見から学びを深めようとしているのです。また、話している側の子もしっかりと聴いてもらっていることが分かるため、自分の意見を確実に伝えようとします。ほめ言葉の

第Ⅰ期 (4・5月)
対話ステップ1

シャワーの時にも、ほめる人は、ほめられる人へ正対した状態でほめ言葉を伝えるため、目を見て聴くということが菊池学級ではしっかりと定着しています。

> メモをとる。

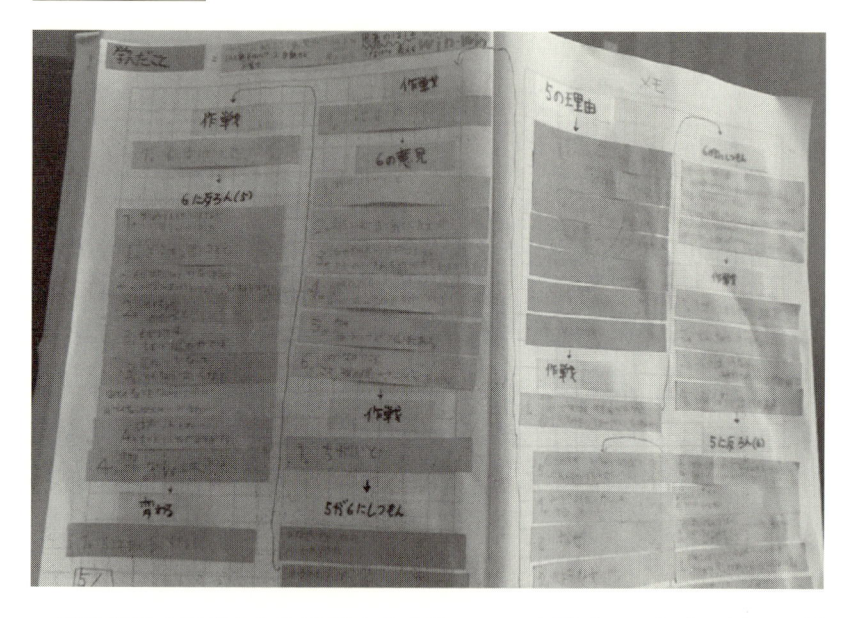

菊池学級の子どもたちは話をよく聴いているだけではなく、同時に話したことをノートに素早くメモする姿も見られます。友達の考えをノートにメモすることで後の反論や質問するときの材料にするためです。また、メモをとるという作業を入れることで、発表が苦手な子どももノートの中で話し合いに参加することができるため、傍観者がいなくなるのです。

> 友達同士の対話が頻繁に行われている。

「問いの答えに当たる段落はどこか」というテーマで話し合いを行っている頃の、ある休憩中の様子です。元山さんが菊池先生のところに来て、提案をしていました。

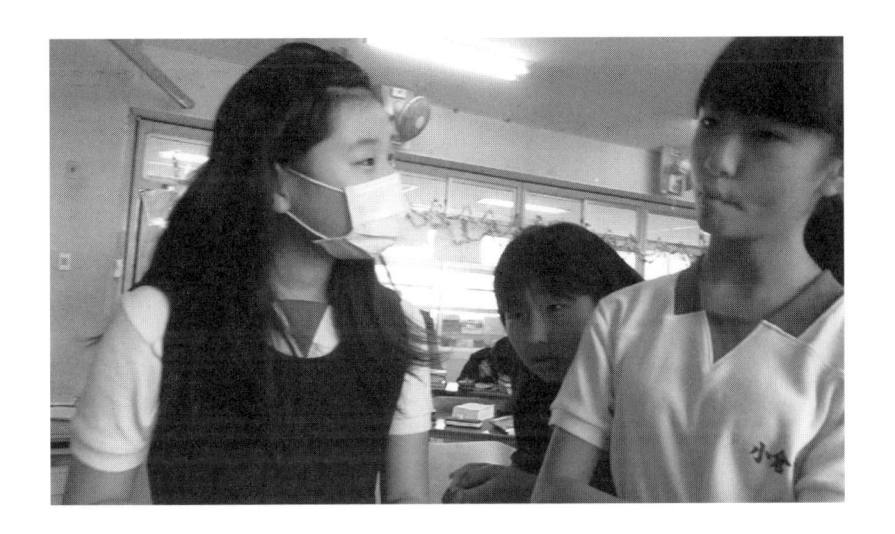

第Ⅰ期 第Ⅱ期 第Ⅲ期 第Ⅳ期 第Ⅴ期

> ●元山 「5段落と6段落でテーマが違うんですよ。この討論のテーマが違うで…5段落目は生き物の特徴とロボットと犬の違いで、6段落目はロボットと犬の違いのことだから……えっと、テーマが違うからそこを公平にしたいんですけど…」
> ●菊池 「どこで、その2つと1つ、あるいはちがいが生まれたと思う？」
> ●元山 「1段落目と2段落目で最初に1段落目でロボットと犬の違いで、1段落目の最後のあたりにもう1個あって…。そういうところが6段落目は1つしかないんですよ、テーマが。で、5段落目は2つあるんですよ」
> ●中村 「そうそうそう！」
> ●元山 「だから、その違いが、意見の食い違いが起きるから、どうしようかなーって…」

　2人で話していることに気付いて、他の友達が話に入ろうと寄ってきました。菊池学級では一部で対話が始まると、自然と周りにいた子もその会話に加わり意見を述べ始めます。普段から友達の動きを意識してい

第Ⅰ期（4・5月）
対話ステップ1

るクラスでないと、こうした他の人の会話に興味を抱くこともないでしょう。ほめ言葉のシャワーを行うことによって、毎日友達に目を向けなければならない状況が生まれます。さらに人とは違う良さに気付くことが求められます。こうした緊張感が友達への関心を高め、このような動きを生み出しているのです。

■質問タイムで対話に慣れる

討論やディベートでしばしば見られる光景は、一部のよく発表する児童たちの意見の言い合いでほとんど話し合いが進み、意見をもてない子や発表が苦手な子は全く参加できないというものでしょう。後者の子にとって討論などは人の意見をただ聞くばかりのつまらない時間にすぎません。まずは、対話に慣れさせ、楽しめる状態をつくることが大切です。

菊池先生の実践の中に質問タイムという取り組みがあります。朝の会で、日直の子に対して質問を投げかけ、その子のプラスの部分を引き出させることをねらいとした活動です。また、質問を受ける子はクラス全員の友達と必ず一度は対話をすることになります。30人以上のクラスにもなれば、1日の内で全員の友達と言葉を交わすことはそうあることではないでしょう。しかし、菊池学級では日常的に全員と話すということが行われているため、やっている内に話すことが当たり前になるのです。また、質問される内容には笑いが起こるものもあるため、対話の楽しさも感じられます。

この活動から育成される力は3つあると考えます。

①誰にでも質問を投げかける質問力
②聞かれたことに返答する対応力
③誰とでも話せる自己開示力

4月から質問タイムをやり続けていることで、話し合いの時に誰とでも会話ができ、大抵の質問にはものおじせず答えられる度胸も身に付い

ていきます。また、人と話すことは楽しいことだと子どもたちに身をもって味わわせることで積極的に話し合いに参加する態度を養うことができます。菊池学級の子どもたちから感じる、パワフルさやアクティブさはこうした取り組みの積み重ねがあってのものなのでしょう。

■掲示物による全員参加の意識付け

　教室の中には、様々な掲示物が貼られていると思います。しかし、そのほとんどが貼られてしまうとそのまま放置状態になることが多いと思います。菊池学級にもたくさんの掲示物が貼られていますが、それらはいろいろな場面で有効利用されています。

　例えば、次のようなものです。

> 学級目標：【「あたたかいほめ合い」が34人でできる学級】
> 　　　　：【「聞き合える話し合い」が34人でできる学級】

　菊池学級の学級目標には必ずクラスの人数が書き込まれています。それは、どんなことでもクラス全員で頑張るという意識を子どもたちにもたせるためです。4月の学級開きの際に、全員で成長していくという教師の思いと一緒に子どもたちに提示することで、1年間のクラスの軸となります。

自画像画

　「生き物はつながりの中で」の菊池先生の質問に対し、子どもたちに立場を決めさせた後で、菊池先生は次のような指示を出されました。

> 今の自分の立場の方へ自画像画を貼りなさい。

　この指示が出されてから、子どもたちは素早く黒板に自画像画を貼りました。菊池先生は、意見が分かれる発問や多様な意見が出ることが予

第Ⅰ期（4・5月）
対話ステップ1

想される発問をした時には、子どもたちに自画像画を貼らせるようにしています。ここにも、菊池先生流の全員参加を意識付ける工夫が凝らされていると言えます。

　自分の立場を明確にするために貼る自画像画ですが、これを貼ることによって、自分も意見を立証しないといけないチームの一員なんだという責任感をもたせることをねらっているのです。そして、グループで話し合おうという合図とともに、一気に集まって意見交流が行われます。自画像画が貼ってある以上、自分と同じ立場の友達と協力して説得力のある意見を作り出さなければなりません。時にはこうした厳しい状況に子どもを追い込むことも全員参加を意識付けるためには必要なことです。

3. 白熱につながる学習スタイルの定着

■書いたら発表

　菊池学級の価値語の中に、「書いたら発表」というものがあります。子どもたちの中には、ノートに意見を書くことはできるけど、発表することには抵抗があるという子もいます。しかし、そのような考えを容認してしまえば、子どもたちの中で「発表しなくてもいいんだ」という間違った認識ができあがり、盛り上がる話し合いというところへ発展しな

第Ⅰ期 第Ⅱ期 第Ⅲ期 第Ⅳ期 第Ⅴ期

くなってします。つまり、早い段階で「書いたら発表」などの学習規律的な価値語は提示しておく必要があるのです。そのために、菊池先生はいくつかのステップを踏まれています。

　１学期の初めの時期では、子どもたちもどのようにして意見を考えたらいいのか、本文のどの部分が意見を立証するための根拠になっているのかを探し出すことに慣れていません。大人でも、いきなり職員会議の場で意見を求められてすぐに返答ができることは難しいですし、発表を促されて挙手ができる人はそういないと思います。まずは、発表のための原稿を作らせ、それを読むことから始めます。菊池先生はそれができれば立派な発表だということを伝え、「発表」というハードルを低く設定することで、子どもたちの中から苦手意識を徐々に取り除いているのです。

自由に動きながら意見交流を行う場を設定している。

　一般的に教室の中で行われている授業では、【①教師の発問→②自力解決→③発表】という形態のものが大多数でしょう。しかし、自力解決で意見を考え付かなかった児童は、次の発表の場面で発言することは難しくなります。さらに、友達の意見を聞いても分からない児童にとって

第Ⅰ期（4・5月）
対話ステップ1

は、よく理解できぬまま別の意見に進んでしまうため、話の流れについていけずやる気を損なうことが起きてしまいかねません。

　菊池先生は、そういった児童も巻き込みながら話し合いが進むという状況を作り出すため、自由に動きながら意見交流を行う活動を重視しています。

　「生き物はつながりの中で」の授業においても、次のような場面がありました。

　ある男の子が、「ちがいはどこでしょう」という問いに対して答えが5段落だと主張しているグループへの反論について菊池先生のところへ相談に来ていました。菊池先生がこの男の子と2人で話をしている間、教室の中はこのような状況になっていました。

　先生が見ていない状況でも、教室のいたるところで話し合いが行われ、子どもたちもとても楽しそうな表情をしていました。友達との話し合いが新たな意見を得るための良い機会と感じているのか、どの子も積極的にノートに友達の意見を書いていきました。

　自由に意見を聞くことのできる場を設けることで、子どもたちにさまざまな立場からの情報が蓄積され、より濃い内容の意見ができあがります。そして、多くの意見を用意してから全体交流に挑むため、「書いたら発表」ということを意識した話し合いが成立していくのでしょう。

■質より量を重視する

　菊池学級の子どもたちはとにかくたくさんの意見を考え出し、それを武器として討論やディベートに臨みます。大人も顔負けするくらいの情報量をノートに書き込み、多い子では見開き1ページを埋め尽くしていました。

　次の写真は、5段落が問いの答えに当たることの根拠を書いたものです。

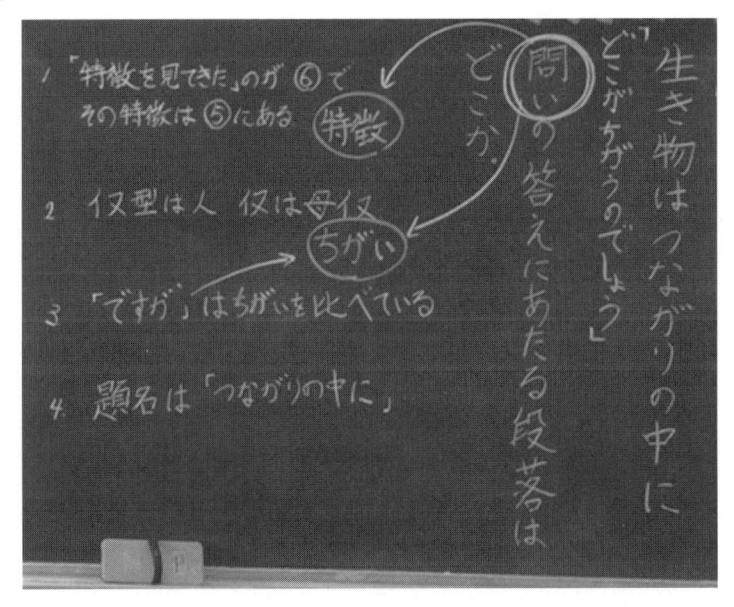

第Ⅰ期 (4・5月)
対話ステップ1

　１番の意見では、「特徴を見てきた」のが⑥で、その特徴は⑤にあるという少し漠然とした意見が出されています。しかし、３番の意見では、「ですが」という言葉のもつ意味に焦点を当て、自分の立場を立証しています。子どもたちの見る視点が徐々に細部に向いていることが分かります。

　このように、子どもたちの意見は「漠然とした意見→核心に迫る意見」という流れをたどりながら進化していくのだと考えられます。

　ここまで子どもたちから多種類の意見が出されるようになるために、菊池先生は、最初の段階でどんな意見が出されても否定しないということを意識しながら子どもたちに指導しています。このようなスタンスを教師が意識していると、子どもたちはどんな意見を出しても認めてもらえる、ほめてもらえるという安心感から積極的に意見を出そうとするようになります。また、話し合いの経験を積んでいく中で、自分の意見が話し合いの勝敗を決定付けたり、友達から共感されたりすることがあるかもしれません。そのような体験が得られると、より発言することに意欲的になり、白熱した話し合いが繰り広げられるようになっていきます。

　さらに、自由な発言が公的に認められていることで、その表現方法にも様々なバリエーションが生まれるようになるのです。以下に、子どもたちの意見を書いたパネルを載せていますが、どれも個性的なものばかりで、意見を出すことを楽しんでいる様子が伝わってきます。

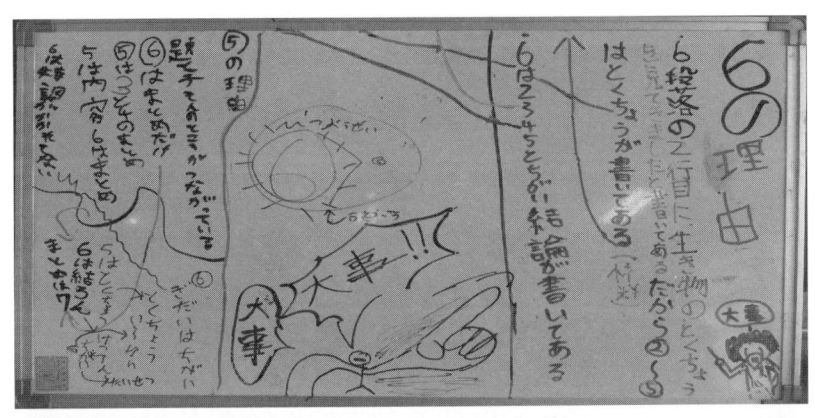

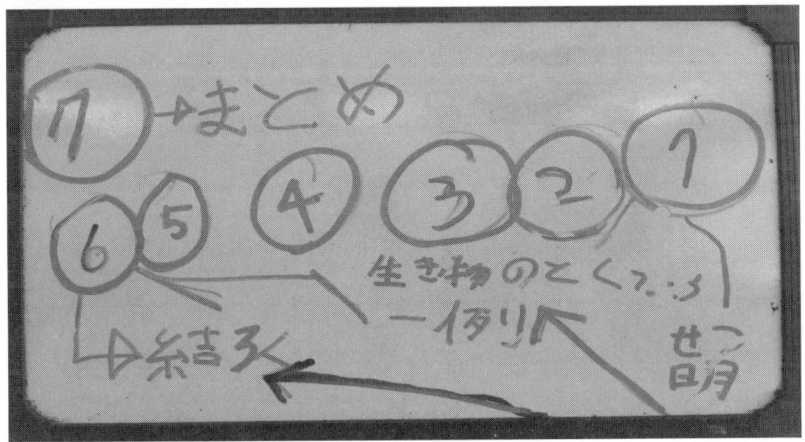

| 第Ⅰ期 | 第Ⅱ期 | 第Ⅲ期 | 第Ⅳ期 | 第Ⅴ期 |

※多様な表現方法で意見を立証する

4. 全員参加を促す教師のはたらきかけ

■子どもの発言から良さを見つける

　菊池先生はどの子どもたちにも笑顔で接し、ちょっとした変容にも敏感に反応しほめることで、プラスの方向へと導いていきます。ほめられた子どもは、本当に嬉しそうな顔をして、次も頑張ろうと意欲を高めます。

第Ⅰ期 (4・5月)
対話ステップ1

　「生き物はつながりの中で」の授業の中で、互いの意見が食い違ってけんかになりかける場面がありました。5段落、6段落の両者のやり取りです。

> ●6段落　『6段落に特徴は書いていないと言っていましたが、問いの答えにあたる段落はどこかなので、「どこが違うのでしょう」が議題になるので、別に特徴はいらなくて違いだけを求めていると思うので、別に特徴は書かれていなくてもいいのではないでしょうか』
> ●5段落　『特徴を探りながら、その特徴から材料を取って、そこから6段落で結論を出している』
> ●6段落　『逆じゃないですか。文章には違いを探りながらって書いてあります』
> ●5段落　『特徴というのは違いにも少しなるんですけれども、犬型ロボットと普通の犬というのが特徴…以下略』
> 　　　　（6段落の立場の児童が口を挟もうとする）
> ●5段落　『待って、今しゃべっとる！』

　このように話し合いをする内に感情が高ぶって怒り口調になってしまう子が出てきました。この状況が教師の目の前で起きた時に、どのような対処をするでしょうか。一般的に多いと思われるパターンは教師が口調の荒い児童に対して注意をする、または叱るということでしょう。しかし、菊池先生はこの状況を見て、次のように子どもたちに言っています。

> ●菊池　『だから、(6段落の立場の人は) その根拠を示してくださいっていうような反論をしないといけないよね。あなたも (5段落の立場の人も)、少しは (特徴の中に違いが) 入っているという証明をしなければいけないよね。

第Ⅰ期 第Ⅱ期 第Ⅲ期 第Ⅳ期 第Ⅴ期

　　それが、お互いが考えが深まっていくということですよ。
　　とても良い議論です！続けましょう！』

　けんかになりかけていたことには触れず、優しい口調で両方の立場の子どもにどのような反論や証明の仕方が良いかというアドバイスをしています。そして、注目すべきはそこまでの子どもたちの議論がとても良いものであることをしっかりとほめる言葉をかけているということです。この場面では、両者の意見にズレが生じているわけですが、上手くズレを修正することができれば互いの考えが深まる一歩手前まで自分たちで進めているということの凄さや価値の高さを見抜いて激励の言葉を伝えられたのでしょう。
　こうした菊池先生の言葉かけによって、子どもたちもクールダウンすることができ、さらにもらったアドバイスを生かしながら次の反論へと進んでいきました。

※次の反論へと駒を進める！

第Ⅰ期 (4・5月)
対話ステップ1

■立場が変わることへの価値付け

　話し合いを進めていく過程で、いろいろな意見を友達から聞くこととなりますが、相手から出された意見に思わず納得してしまったり、自分の立場が間違いなのではないかと考えるようになったりすることがあります。しかし、子どもたちは「勝手に立場を変えたら同じ立場の人に裏切ったと思われないだろうか」「途中で変えることは間違いを認めてしまうことになり、みっともない」などという不安を感じて、最初の立場から変われないまま話し合いの終わりを迎えてしまうこともあります。このような自由に立場を変えられない状態では、活発な議論を行うことはできません。

　「生き物はつながりの中で」の途中で、ある男の子が5段落の立場をやめて、6段落に変えるために次のように言いました。

> 僕は、6段落に変わります。理由は今のS君の意見で、5段落の意見はちょっとまとまりがなくて、6段落の部分は長い時間から…ちがいです、と文章をまとめて説明しているから僕は6段落に変わります。

| 第Ⅰ期 | 第Ⅱ期 | 第Ⅲ期 | 第Ⅳ期 | 第Ⅴ期 |

　この男の子の前に発表したＳ君の意見がきっかけで立場を変えることにしたのです。これに対して、菊池先生は次のように声をかけました。

> それはそれで、拍手を送ってあげましょう！

　立場を変えた男の子に教室中に響き渡る大きな拍手の音が湧き起こりました。この声かけには、菊池先生の「お互いの意見をしっかりと聴き、考え抜いた結果から導き出した答えなんだろう」という子どもに対する信頼のようなものを感じ取ることができます。つまり、逆算して考えると、ここまでの間で立場を変えるという行為をプラスなものとして価値付けされているということが予想できます。また、立場を変える際には、必ずなぜ変えようと思ったのかという根拠を明らかにしなければならないため、なおさら互いの意見を集中して聞いておく必要があるのです。だからこそ菊池学級では、「立場を変える人＝話し合いの中でよく考えている人」という認識がどの子にもあり、拍手を送られるほど立派な対象だということになるのでしょう。

※立場を変えたＭ君を称賛する拍手！

第Ⅱ期（6・7月）
ディベートステップ1

第Ⅱ期（6・7月）
ディベートステップ1　第一反駁

価値（ルール）

福岡県飯塚市立蓮台寺小学校
林田　渉

■話し合うことの価値を教える

○話し合いの基本形を教わり、経験をした子どもたちへの次の指導は、話し合いの価値を教えることです。この時期には何より「話し合うことは楽しい」という気持ちを子どもに抱かせることが大切です。

○ほめ言葉のシャワーや質問タイムなどを通して、少しずつ友達関係がよくなってきている時期です。人間関係がよくなってきている時期だからこそ、ディベートのような対立のある話し合いが成立するのです。

○ディベートはルールのある話し合いです。その中で、全員が参加し、発言できるようにします。参加者の意識がなければ、他人事となり話し合う楽しさを実感することは難しいと思います。またこの時期のディベートを通して①根拠をもって立証する②疑問は放置せずに納得できるように質問する③反論は根拠に対して行う、といった価値観を育てたいものです。それらの価値を養うことは、これから先の話し合いの質を高めていくうえで大切になります。

○この時期のディベートでは、質問返しをしたり、根拠に対する反論になっていなかったりとルール違反をしてしまう子どもがいます。指導は行いますが「〇〇君はやる気があふれていたんだよね」などフォロー発言を入れることが必要です。意欲を失わなければ、子どもたちは失敗を糧に次は頑張ろうと努力をします。成功体験を重ねることで、「話し合うことは楽しい」と感じるようになっていきます。

| 第Ⅰ期 | 第Ⅱ期 | 第Ⅲ期 | 第Ⅳ期 | 第Ⅴ期 |

指導のポイント

1. ディベートのインストラクション〜なぜ、ディベートを行うのか〜
2. ディベートで身に付けさせたい力・価値観
3. ディベートの進め方
4. 政策論題をテーマとしたディベート

論題 小学校にジュースの自動販売機を設置すべきである

第Ⅱ期（6・7月）
ディベートステップ1

1. ディベートのインストラクション
〜なぜ、ディベートを行うのか〜

■ディベートとは

　ディベートとは、ルールのある話し合いのことです。ある特定のテーマの是非について、肯定・否定の立場に分かれて、第三者（審判）を説得する形で議論を行います。肯定・否定の立場は自分の考えに関係なく決定し、それぞれの発言回数や発言時間も限定されます。このように、ディベートでは、一定のルールのもとで話し合いが行われるのです。

　ディベートというと「相手を打ち負かすもの」「勝敗ありきのもの」といったイメージをもっている人もいるのではないでしょうか。しかし、ディベートは議論に勝つことを目的としているのではありません。ディベートを経験することで、問題解決能力や論理的思考力、情報活用能力、客観的・批判的・多角的視点など様々な力が育っていきます。また、ディベートは、スピーチとは違い一方向ではなく双方向でのコミュニケーションが必要です。そのため、相手の話を聴く、自分の考えに対して根拠をもって分かりやすく伝えるといった、コミュニケーション力が身に付いていきます。これらの力は、これからの社会を生きていく上で必要な力です。そのような力を、子どもたちに養っていくことを目的としています。

　また、ディベート学習で身に付けた力を普段の話し合いにも活用していくことで、より良い話し合いができるようになります。より良い話し合いができるようになることで、言葉を大切にしたコミュニケーションをとることができる集団になります。そうなると、教室は子どもにとって安心感のある居心地の良い場所となり、豊かな学校生活を送ることができるのではないでしょうか。

第Ⅰ期 **第Ⅱ期** 第Ⅲ期 第Ⅳ期 第Ⅴ期

■この時期にディベートを行う価値

　1学期の初めには、子どもたちの話し合いの力量に、大きな個人差が見られます。4月当初の授業における話し合いの様子を見ていると「自分の考えを押し付ける」「うなずいているだけで意見が言えない」「論がずれていく」といった様子が見られます。話し合う力というと、何もしなくても勝手に育つものであると誤解されがちです。しかし、話し合う力を子どもたちに身に付けさせるには、計画的・意図的に指導し、経験を積ませていくことが必要です。

　話し合いが成立するためには「根拠を明確にして、自分の考えをもつことができる」「相手の根拠について理解し、納得あるいは反論できる」「感情的にならずに話を進められる」など様々な力が必要になります。しかし、それらの力は口で言っても子どもたちに身に付くことはありません。そこで、この時期にルールのある話し合いであるディベートを経験させるのです。

　ディベートを経験することで、どのように考えを主張すればよいのか、質問や意見の言い方はどうすればよいのか、反論するときにはどうすればよいのかなどさまざまなことを学びます。また、技術的なことだけでなく、話し合うことで考えが広がる、深まるなどの話し合いの価値に気付いたり、お互いに意見を言い合うことは成長していくために大切なことであると思えたりするようになっていきます。

　この時期にディベートを行うことは、話し合いの力を養うだけでなく、より良い仲間関係をつくっていくといった学級づくりにおいても大切なことなのです。

第Ⅱ期 (6・7月)
ディベートステップ1

2. ディベートで身に付けさせたい力・価値観

■ディベートで身に付けさせたいこととは

　ディベートは肯定・否定に分かれてそれぞれが根拠をもとに主張・反論を行い、第三者である審判が判定を下すという話し合いです。当然、勝敗がつくことになります。しかし、「勝ってうれしかった」「負けて悔しい」で終わってはいけません。ディベートを通して身に付けさせたい力や価値観があります。この時期のディベートを通して身に付けさせたい力や価値観について、具体的に述べていきます。

1．身に付けさせたい力
① 根拠をもって意見を述べる力

　自分の意見を主張するためには、根拠をもって述べることが必要です。「理由はないけどなんとなく…」といった無責任な主張では話し合いは成立しません。ましてや、相手を納得させることなどできません。なぜ、そのように考えたのかという根拠を具体的に述べることが大切です。この力は、「意見と理由はセット」という価値観へとつながっていきます。

② 論を組み立てる力

　思い付いた意見をただ闇雲に述べていくだけでは、自分の考えが相手に伝わることは難しいものです。相手に伝わるにはどのように伝えればよいかということを考え、論を組み立てることが必要です。ディベートでは、第三者である審判を納得させる必要があります。ですから、自ずと論の組み立てを意識せざるをえません。何を伝えたいのか主張を明確にして、端的に伝えることが大切です。初めは、結論＋理由付けなど組み立ての型を示すとよいでしょう。

③ 調べる力

「ディベートは準備の段階が勝敗を左右する」と言われるほど、準備が大切です。自分の主張を支える根拠をもつために、本やインターネット、人に尋ねるなどさまざまな方法で調べ、まとめていく必要があります。調べたものの中から取捨選択を繰り返し、より大切なものをまとめていきます。子どもたちは、ディベートの準備を休み時間や帰宅してからも行うなど実に意欲的に取り組みます。資料を選び、必要なものを取捨選択するということはどの教科の学習においても必要な能力です。

④ 反論する力

菊池先生は、「反論こそ意見である」と述べています。お互いの主張を述べ、議論を深めていくには反論が不可欠です。ディベートでは、ルール上、反論を絶対に行わなければなりません。相手の根拠の矛盾を見抜き、反論していきます。反論するということは、限られた時間の中で、相手の主張をよく聴き、矛盾を見抜き、言葉にして伝えるといった多くの力の集合体ともいえます。反論できるようになると子どもたちの学びの質は一段と向上します。

⑤ 見通しをもつ力

ディベートでは相手の主張に対して反論を行わなくてはなりません。ですから、反論することを見通して、相手の主張を聴く必要性が出てきます。また、主張した側も相手がどのような反論をしてくるだろうかと見通して、反論に対する準備をする必要があります。このように、双方ともに見通しをもって議論にのぼることになります。この経験を繰り返すことで、見通しをもつ力が養われていきます。

第Ⅱ期 (6・7月)
ディベートステップ1

2．身に付けさせたい価値観
① 「WIN-WIN-WIN」の関係

　ディベートでは、勝敗がつきます。勝敗があるものは楽しいものです。しかし、子どもたちの価値観が勝つために意見を主張し、反論を行うという勝負意識でとまってはいけません。ディベートの三者（肯定側・否定側・審判）のみんなが納得し、学びを実感し、成長を感じることができるといった価値観をもたせることが大切です。ディベートを通して、学級での学びはみんなで成長するということ学び合いの基本的な価値観を育てたいのです。

② 人と意見を区別する

　子どもたちは、話し合いにおいて、内容ではなく誰が発言したかによって正誤を判断することがあります。「〇〇さんの意見だから」とか「仲のいい〇〇さんが言っているから賛成しておこう」といった姿です。これでは、学びは深まりません。では、どのようにしてこのような考えを改善させたらよいのでしょう。ディベートを通して「意見が正しいかどうか」で判断するという経験を積ませることは有効な手立てとなります。審判をする際に「根拠の適格性」を判断基準にすることを伝え、経験させます。この経験を積むことで、人と意見を区別するようになっていきます。当然のことですが、それが許される学級集団を育てることも不可欠です。

③ 見学者ではなく参加者になる

　ディベートでは、全員が何らかの役割を担うようにさせます。そうすることで、座っているだけの「見学者」ではなく、責任のある「参加者」となります。無責任なことをすれば、チームの仲間に迷惑がかかることになりますので、子どもは一生懸命に取り組みます。子どもは、仲間に対する思いが強いものです。友達の存在が、個人の成長を促していきます。この価値観が育ってくると、普段の授業

においても、責任ある参加者として臨む姿が見られるようになります。

④　話し合うことは楽しいこと
　ディベートは勝敗が伴うこともあり子どもたちは活発に取り組みます。真剣に準備を行い、本番に臨みます。ですから、勝ったときにはうれし泣きをしたり、負けたときには悔し泣きをしたりする姿が見られることもあります。さらには、「負けたけど多くの学び、成長があった」と勝敗を超えた喜びを口にする子どもも出てきます。そのような経験を繰り返す中で、「話し合うことは楽しいこと」だという価値観を育てたいのです。実際に菊池先生の学級では、子どもが「今日は話し合いをしますか」と質問してきたので「しますよ」と答えると「やったー」という返事があったそうです。子どもが、話し合うことがうれしい、楽しいと思えるとコミュニケーション力の向上につながります。

⑤　一人ひとりの責任
　ディベートは個人ではなくチームで行います。そして、それぞれが、立論・反論・質問する・質問に答えるといった役割を担います。ですから、一人でも無責任な人がいると、チームの主張が成立しなくなります。最初は、真剣に取り組めない子どもがいるかもしれません。しかし、友達に迷惑をかけられない、負けるのが悔しいなど最初の動機はそれぞれですが、徐々に全員が真剣になってきます。責任感というのは、授業中の学び、学校生活、家庭での生活の様々な面に生きていきます。子どもに、責任感を身に付けさせることは生きる力につながると考えます。

第Ⅱ期 (6・7月)
ディベートステップ1

3. ディベートの進め方

■ディベートの流れ
1. 進め方の説明をする
　ディベートの進め方の説明をします。基本的なルールは以下の通りです。

---
1. 論題（話し合うテーマ）が決まっている
2. 立場が2つ（肯定・否定、AとBなど）に分かれる
3. 自分の考えとディベートをするうえでの立場は無関係である
4. 肯定側立論→否定側質疑→否定側反駁→否定側立論→肯定側質疑→肯定側反駁→判定　の流れで行われる。
5. 立論・質問・反駁できる時間は決まっている。（今回は全て1分）
6. 勝敗がある。

　初めてディベートに出会う子どももいます。初めの説明をしっかりと行い、全ての子どもたちがディベートに取り組めるようにします。

2. 全員参加を保障する
　この時期のディベートでは4人で1つのチームを編成します。4人にすることで、立論を述べる人・質問に答える人・質問する人・反駁する人と、全員の子どもが参加できるようになるからです。それぞれに役割を与えて、責任をもって取り組ませることが大切です。

3. テーマを与える
　ルール確認やチーム編成を終えるとテーマを与えます。テーマは「小学校にジュースの自動販売機を設置すべきである」「学校給食を弁当にするべきである」といった、立場が2つに分かれるものを選ぶようにし

ます。テーマには「政策論題」「事実論題」「価値論題」といったものがありますが、初めは、比較的に根拠をもとに話し合いが行いやすい「政策論題」から始めるとよいでしょう。

4．準備の時間を確保する

　ディベートにおいてもっとも大切なことがあります。それは、ディベート本番までに根拠となるデータを集めたり、論を整理したりする準備の時間を確保するということです。言い換えると、「テーマを与えてすぐにディベートをしない」ということです。初めてディベートに出会った子どもにテーマを与えて「では、始めましょう」では負担が大きいだけでなく、何の根拠もない思い付きの発言しかできません。それでは、ディベートで育てたいとねらっている力や価値観が身に付くことは難しいでしょう。準備を十分に行っているからこそ、お互いの意見がかみ合ったり、ぶつかったりするのです。そのような議論を行うことで、少しずつ成長していくことができます。特にこの時期に行うディベートにおいては十分な準備の時間を確保するようにしましょう。

4. 政策論題をテーマとしたディベート

■菊池学級におけるディベートの実際

　菊池先生は、この時期のディベートのテーマとして「政策論題」を与えています。それは、政策論題は意見をかみ合わせやすいため「話し合いを経験させる」うえで適切だからです。また、メリットやデメリットを1つに絞らせることで難易度をさげるようにしています。菊池先生は「この時期はよれよれでもいいから経験させることが大切」と述べています。ディベートを教えるのではなくディベートで教えるということです。ディベートを通して身に付けた価値観や力を、学校での生活や授業での学びにつなげることが大切です。

第Ⅱ期 (6・7月)
ディベートステップ1

> **論題** 小学校にジュースの自動販売機を設置すべきである

■ 肯定立論

　自分たちのラベルは「貧しい人を救えること＋リサイクルをすること」です。もう一度言います、自分たちのラベルは「貧しい人を救える＋リサイクルをすること」です。自分たちは今の生活で十分だからまずは貧しい人を救うべきです。ちなみにペットボトルは服、缶はまたアルミになります。ペットボトルのキャップが約430個で10円分になり、それを20円分届ければポリオワクチンができ、1人分が救えます。それをリサイクルしている人プラスこの学校でやると年々助けられる人が増えます。この資料を見てください。この学校に自動販売機をおかなかったら、ワクチンやリサイクル品が今協力している人にプラスされないので貧しい人が増え戦争になります。でも例でいうと、いじめを受けるかは日本だけの問題になります。でも戦争は世界の問題なのでこれで重要さが生まれます。つまり、自動販売機が3台でも世界の人々をちょっと救えるので3台でも1台でも置いた方がいいと思います。

■ 質問タイム

● **否定** 日本は戦争をしてないのに、なぜ戦争など、大袈裟なことを言うのですか。
● **肯定** なぜ戦争が起こるかですよね？

●否定　はい
●肯定　貧しい国の土地をもらおうとしたり、食料の問題とかになってけんかして、それが段々と大きくなって戦争になるということなんですね。
●否定　証拠はありますか。
●肯定　本や先生……、本を、本を読みました。それと、5年生の時先生が……。
●否定　もういいです。いちばん貧しいのはアフリカなんですよ。そして、リサイクル工場に入ってくるのは約5円から7円とインターネットで調べてくれたんですよ。そして、20円分で1人が救えると言ったじゃないですか。それは大変難しいことなんじゃないんですか。

■　否定側反駁
　リサイクルは世界でいちばん貧しいと言われているアフリカに輸送するまでにお金がかかります。それが約2297万円です。インターネットで調べたところによるとジュースを1本買ったら会社に入ってくるお金は5円から7円程度なので360人が買ったとしても3000円くらいしかならなく赤字になるということなのでそのリサイクルをして貧しい人が救えるというラベルは認められません。もう1度言います。アフリカに輸送するまでお金がかかります。

第Ⅱ期 (6・7月)
ディベートステップ1

それが約2297万円です。インターネットで調べたところによるとジュースを買ったときに会社に入ってくるお金は5円から7円程度なので、360人が買ったとしても3000円くらいしかならなく赤字になるということなのでそのラベルは認められません。

■ **否定側立論**

僕たちのラベルは、健康には悪いです。理由は、資料を見てください。太りやすくなったり、虫歯になったり、骨が弱くなったり、疲れやすくなったり、イライラしたり、病気になります。病気になったり、骨を弱くしたり体に害を与えます。それに、ソフトドリンクには何1ついいものが含まれていません。運動をしていてアミノ酸やミネラルが入っていてとても体にいいのですが、ほんのわずかな量でスポーツドリンクやソフトドリンクを飲み糖分を取りすぎる恐れがあります。繰り返します、僕たちのラベルは健康には悪いです。理由は太りやすくなったり、虫歯になったり、骨が……

■ **質問タイム**

●**肯定** 審判のみなさん重要性のことを考えてから私の質問を聞いてください。みんながジュースを絶対に飲むと言えま

すか。
- ●否定　はい。
- ●肯定　なぜ、そう言えるのですか。
- ●否定　だって、この学校には…。
- ●肯定　もういいです。赤字になるだけだと思いますか。
- ●否定　いいえ。
- ●肯定　あなたたちのラベルには、立論に健康に悪いということなどが書かれていたのですが…、やっぱりやめます。健康に悪くなる人が少数います。それに対し、死ぬ人が1日何千人もいます。それは、どちらを選びますか。
- ●否定　もう1回言ってください。
- ●肯定　健康に悪くなる人が少数いるとします。それに対し、死ぬ人が1日何千人もいるとします。どちらを選びますか。
- ●否定　えっと。
- ●肯定　もういいです。私は内科の先生に1日に相当のジュースを飲まない限り病気にならないと言われましたが、それに対してあなたたちのラベルは成り立たないと思いますが、それに対してはどう思いますか。
- ●否定　1日ではなく、あの、1週間のうちに5日間。
- ●肯定　もういいです。

第Ⅱ期 (6・7月)
ディベートステップ1

■ 肯定側反駁

　今から反駁を言います。健康に悪いということは病気の方が大切だということです。でも、元山さんが、健康に悪いのと病気が悪いのどちらがより深刻だと思いますかと言ったときに小川さんが少し迷いましたよね。だからそういうことは普通だったら、健康に悪い病気の方が大切ということだったらすぐ病気の方が大切だと言うはずなのに、言っていなかったのであなたたちの意見は成り立ちません。そして審判のみなさん病気なるのと人が亡くなるのは深刻性が違います。人が死ぬのというのは命がなくなるということです。そうなると命がなくなる方が、深刻性が大きいのではないですか。だから、健康が悪くなり病気になるより3台置いて、命を1つでも救う方が絶対に大事だと思います。だから、その、例えばこの教室の誰か1人が……。

考察

　今回のディベートでの学びを子どもたちは白い黒板を通して振り返りました。子どもたちは次のような言葉を残していました。

・一人ひとりに責任があること　　・立論・反駁・質問の仕組み
・「えっ」の恥ずかしさ
・負けても勝ってもけんかをしない
・細部にこだわる　　　　　　　　・人と意見の区別

　　　　　　　　　　　　　　　　　　　　　　　　　　など

「この時期に、話し合いの楽しさや人と意見を切り離した対話の楽しさを体験的に学ばせることが大切である」と菊池先生は述べています。
　子どもたちは今回のディベートを通して、身に付けるべき価値観を体得し、話し合いの楽しさを感じることができたようです。

# 第Ⅲ期（9〜11月）
対話ステップ2

第Ⅲ期① (9月)
対話ステップ2

白熱の体験

大分県大分市立西の台小学校
大西一豊

■白熱の体験をスタートさせる

○例年、この時期から必ず起きることがあります。それは、何人かの子どもが白熱を始めることです。学級全体の中で突き抜けた姿となります。この年の学級では、9月に突き抜けた姿が出てきました。何人かの子どもが白熱している姿を見ることから、学級全体として白熱の体験をスタートさせていきます。

○子どもたちの関係性が安定してきた時期です。活動の価値を理解したり、型を身に付けたりしてきたからでしょう。子どもたちの関係性が安定してきたことから、対話が活発になってきます。対話が活発になってくると、新しい気付きや発見も増えて、相互にプラスの影響を与え合う関係へと、さらに加速していきます。

○話し合いの流れの基本型を身に付け、ディベートを経験しました。また、関係性が安定してきたこともあり、学び方は「型破り」を始めていきます。1学期の学習経験に加え、さらに自信をつけてきたことから、相手の反論を読みながら主張する意見の根拠を示す、ディベート的な話し合いへと進化していきます。

○菊池学級の活動の中で、一人ひとりの「成長」がキーワードになってくる時期です。「質問タイム」では、「成長していることは何ですか?」などの質問をして、他者の「成長」に注目しています。「ほめ言葉のシャワー」でも、「ここが成長しましたね」などと相手の変化している部分への言葉があふれてきている時期です。この話し合いでも振り返りでは、自分・他者・集団の「成長」がキーワードとなっています。

第Ⅰ期 第Ⅱ期 **第Ⅲ期** 第Ⅳ期 第Ⅴ期

指導のポイント

1. 白熱した教室への兆し
2. ノートは作戦基地だ
3. 責任ある参加者になるために
4. ディベート的な話し合いへ
5. 話し合いの質を高める
6. 相手を見つめて、自分を見つめる「振り返り」

教材「平和のとりでを築く」(平成26年度　光村版国語教科書6年)

1. 白熱した教室への兆し

●学習課題「筆者の一番言いたい段落はどこか」

「平和のとりでを築く」は、2学期9月の説明的文章の教材です。

課題は、「筆者が一番言いたい段落はどこか」です。

課題の「筆者が一番言いたい段落はどこか」は、筆者の主張している内容の中心を読み取る学習です。つまり、文章の「要旨」をとらえるということです。「要旨」をとらえるために、文章全体を通した読み取りをしながら段落ごとの要点やつながりを把握していきます。

そのためには、筆者の文章表現に注目します。筆者の文章表現から

第Ⅲ期① (9月)
対話ステップ2

　文章を「事実」と「意見」とに分けて読んでいきます。それは、「意見」の文章に筆者の主張が書かれているからです。
　菊池学級では、子どもたちが「筆者が一番言いたい段落はどこか」の課題から、それぞれが主張する意見で立場を決めて話し合っていきます。文章全体を通して読み、どの段落に「要旨」が書かれているのかを探っていくのです。言葉の細部にまでこだわって文章を読み込み、「要旨」を探っていくことで読みも深まります。
　また、筆者の言葉に基づいて話し合いが進むにつれて、自分の主張する意見も明確になっていきます。「要旨」をとらえるためには、筆者に寄りそった読み方が必要だからです。自分の主張する意見を明確にして読むことで、さらに「要旨」をとらえやすくなっていくのです。

●過去の学習経験が生きた話し合い

　説明的文章の学習は、1学期「生き物はつながりの中に」がありました。子どもたちは、これまでに話し合いの流れとして基本型をベースとした話し合いをしています。また、1学期末にはディベート形式での話し合いもしています。
　2学期9月、子どもたちは様々な場面で過去の学習経験が生きた話し合いを始めます。話し合いの流れとしての基本型を身に付けて、「型なし」から「型あり」になった子どもたちは、「型あり」から「型破り」へと話し合いの質を進化させていきます。また、ディベート形式での話し合いを経験した子どもたちは、「一人になる強さ」「意見を準備すること」「相手を読む」「反対意見を予想する」「根拠を示す」などディベート形式での話し合いで経験したことも生かして話し合いを進めていきます。
　教師から教えられたことを飛び越え、過去の学習経験を生かして少しずつ自発的に動き始める姿が見られます。

第Ⅰ期 第Ⅱ期 **第Ⅲ期** 第Ⅳ期 第Ⅴ期

●白熱とは

　菊池先生は、

> 白熱した教室とは、一人ひとりが他者と対話を繰り返しながら考え続ける教室

と話していました。

　白熱するには、土台となる学級に安心感と自信があることが大切です。子どもと子どもの関係性がしっかりとつながっていなければいけないのです。

　この時期の菊池学級が白熱の体験をスタートさせることができたのは、学級の土台である関係性が安定してきたからです。

　関係性が安定したことによって、同じ立場で集まったときや自由に話し合うときなど少人数規模での話し合いが成立します。逆に、関係性が不安定であれば、特定の人と群れたり、偶然同じ立場になった人と話ができなかったりします。

　以下は、立場を決めてから同じ立場の人と集まって対話を続ける2つの立場の子どもたちの様子の一部です。

第Ⅲ期① (9月)
対話ステップ2

【◎11段落の立場の集まり】

- C01 「13段落のところに、『原爆ドームは、それを見る人の心に平和のとりでを築くための世界の遺産なのだ』って書いていて、原爆ドームが主なのは分かるけど、平和のことを考えてるやん」

- C02 「私は、13段落目の『記されている』のところで、『記されている』ってことは、何かに書かれているからここに書いているだけのことだと思うんだよね。それから、さっきも中村さんが話してたんだけど、13段落目は、自分の意見じゃなくて、人の言っていることも使って『そうだよね』っていうように、自分とつなげて言っているだけだから、自分の気持ちだけで言っているのではないということが分かる」

- C03 「『記されている』ってことは、何かに書かれていて、その書いた人が一番強く思っているってことやん。だから、筆者が一番強く思っていることじゃない」

| 第Ⅰ期 | 第Ⅱ期 | 第Ⅲ期 | 第Ⅳ期 | 第Ⅴ期 |

【◎13段落の立場の集まり】
- C01 「1段落から核兵器とか、平和とか、核兵器の恐ろしさとか、エピソードとか、人のこととかを表している」
- C02 「1段落は時代についてのこと。2段落は建物の話で、2段落は、当時していたことの話」
- C03 「2段落も3段落も平和のことは書いてない。4段落にも書いてない」
- C04 「4段落は、原子爆弾が落とされた瞬間」
- C05 「5段落にも書かれていない」
- C06 「6と7段落には、当時の人たちのこととか残された人たちのことのエピソードとかやん」
- C07 「8段落は補強工事のことやけ」
- C08 「7段落と8段落も平和のことは書いてない」
- C09 「9と10段落は日本の世界遺産についてのことで書いていない」
- C10 「11段落は、平和について書いてるけど」
- C11 「世界の人のことを書いていて、自分の伝えたいことじゃない」
- C12 「筆者の感想。筆者の感想を伝えるようなことよりも、読者が何をすればいいのかを伝えたい方が強いやろ」
- C13 「そして、12段落は鉄砲や核兵器の残酷さ、不必要さ。その不必要さをふまえて、13段落でいけないよって、自分たちは、それからこれを読んだ人たちは何をしなければいけないのか。それは、平和のとりでを築くってことを伝えたいんだよと。それが、伝えたいんよ」

この2つの立場の子どもたちは、20分程度話し合いを続けます。このように、偶然同じ立場となって集まった少人数でも対話ができる、話

第Ⅲ期① (9月)
対話ステップ2

し合いができるということが、少しずつ白熱した教室へと近づけていきます。菊池学級の中で、白熱の体験をスタートさせる兆候となる姿です。

対話をしていく中で、新たな気付きや発見をしていき、相互に影響を与え合って考えを深めることが、自分の考えの変化ともなります。

この後には、違う立場の相手との意見のぶつけ合いがあります。

菊池学級は、話し合いを繰り返しながら考え続けることによって、さらに白熱した教室へと近づいていきます。

● 授業時間を超えて学ぶ

菊池学級では、話し合いに熱中してくると、授業時間外でも学ぼうとする姿が見られます。

上の写真は、話し合いが終わってからの給食準備中です。彼は、1学期の「生き物はつながりの中に」の学びから、今回の「平和のとりでを築く」でも考え方は同じじゃないですか、と菊池先生に相談に行きます。

しかし、今回の課題である「筆者の一番言いたい段落はどこか」と視点がずれていることを、菊池先生に指摘されます。そして、班の席に戻ります。

班の席に戻ると、同じ班の男の子と女の子も教科書を出して、話し合

いの続きを始めていました。一人の白熱し始めた人を見たことによって触発されたのでしょう。

彼はヒートアップして、給食当番である同じ立場の男の子を呼び止めて作戦を練り始めます。

給食当番である同じ立場の男の子も、給食当番が気になりながらも考えを伝え合います。

話し合いの授業が終わったから考えることも終わりではなく、授業が終わっても考え続ける、まさに白熱が始まった姿です。

菊池学級が白熱の体験をスタートさせる、9月の子どもたちの姿を象徴しています。

2．ノートは作戦基地だ

●自分の意見をノートに書く

立場を決めた後、個人で考えて自分の意見をノートに書きます。自分の意見をノートに書くことのよさは、3つ考えられます。

第Ⅲ期① (9月)
対話ステップ2

　1つ目は、自分の意見をはっきりとさせることです。

　書くことを通して、頭の中が整理され、自分の意見がよりはっきりとしてきます。また、意見をはっきりとさせることは、参加意識の高まりにもつながります。意見をノートの上で整理させることで、現段階の明確な自分の意見で自信をもって話し合いに参加できます。

　2つ目は、話し合いを活性化させることです。

　同じ立場の意見同士で集まった時には、お互いに意見を交換し合います。自分の意見をノートに書いておくことで、意見交換もスムーズになります。相手の意見を集中して聞くことができ、自分の意見も忘れることなく安心して伝えることができます。

　3つ目は、自分の意見の変化を見れることです。

　相手の意見を聞きながら、自分の意見と比較します。そして、相違点や一致点、類似点などを考えます。比較しながら話し合うことによって新しい意見が生まれたり、立場を変えたりなど自分の意見が変化していきます。その時に、ノートに自分の意見を書いておけば、自分の意見の変化をはっきりと確認できます。話し合いは、考えを広げたり深めたりするものです。自分の考えの変化は、充実した話し合いができている証拠にもなります。

●新しい意見はノートに赤で書く

　個人で考えて自分の意見をノートに書いたら、自由に立ち歩き、ノートを持ち寄ります。そして、お互いに主張する意見やその理由を出し合います。

　菊池先生は、ノートに意見を書くときにルールを決めています。

> 　個人でノートに書くときは鉛筆、友達と相談して新しい意見が出てきたら赤で書く。

　「新しい意見が出てきたら、赤で書く」ことは、話し合いを通して新し

い学びがあったことを表しています。

　鉛筆が少なくても赤がたくさんあれば、同じチームで相談したときに、一生懸命に話を聞いて学習したことになります。

　話し合いの活動前と活動後では、意見は新しくなるはずです。他者と話し合うことによって、新しい意見が生まれたり、意見が強くなったりすることに価値があります。

　「意見は作り出すもの」という価値語が菊池学級にはあるように、考えを持ち寄ることで、新しい意見が生まれることが価値付けられています。

●相手の発言内容を記録する

　違う立場の相手が発言しているとき、聞いている側の子どもたちは、発言内容をノートに記録しておきます。ノートに記録しておけば、いつでも見返すことができます。

　同じ立場で集まって話し合いをするときには、主張する意見や反対する意見を練ることに活用できます。特に、反対する意見を練るときには、相手の発言内容をあいまいに覚えていたら、的確な反論を考えることはできません。違う立場の相手の意見と戦うためには、あいまいな記憶で

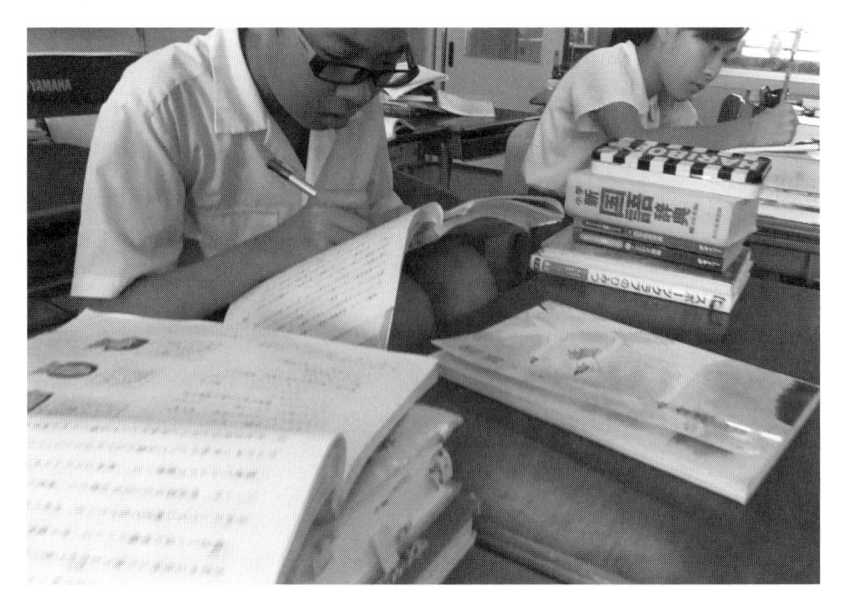

第Ⅲ期① (9月)
対話ステップ2

はなく、確実性の高い記録が必要不可欠です。

　また、発言内容を記録しておくことは、かみ合った話し合いを促進させることにもつながります。かみ合った話し合いをするためには、相手の発言内容を正確に聞き取ることが必要です。二人で話し合っているのであればともかく、大人数で全体の場で相手の発言を聞く時間には、その場ですぐに自分の意見を伝えることができません。しかし、記録しておくことで時間が過ぎても相手の発言内容に対して意見をぶつけることができます。お互いの意見と意見をぶつけ合うことで、話し合いが深まり、自分たちが求めている真実に辿り着くことができるのです。
「ノートは作戦基地」ということは、「意見と意見との戦いが、すでにノートの中で始まっている」ということです。菊池学級の子どもたちは、「ノートは作戦基地」ということの価値を理解して、ノートの上から作戦を練っていきます。

3. 責任ある参加者になるため

●みんなの前で理由を言ってから、立場を変える

> ●曾根﨑　「13に変わります。理由は、心の中に平和のとりでを築くっていう意味が、辞書で調べて簡単に言ったら、心の中に平和な小さな城を努力してつくるみたいなことだったんですよ。それで、努力してつくって、みんなが戦争の怖さを知ったら、戦争がなくなることを筆者が思っているんじゃないかなあと思いました。だから、13段落に変わります」

　話し合いが進むにつれて、学習が始まったころと立場が変わる子どもが当然出てきます。それは、話し合いを通して意見を交流し合うことで、自分の意見が広がったり深まったりするからです。

第Ⅲ期① (9月)
対話ステップ2

菊池先生は、

> 立場を変えたい人は私に言いに来ます。みんなが着席した時に、みんなの前で理由を言って変わりなさい。

と子どもたちに伝えます。

みんなの前で理由を言ってから立場を変わることのよさは、3つあります。

1つ目は、みんなで話し合いをしている意識をもつことです。

みんなの前で理由を言うことは、自分の意見への責任や、積極的に話し合いに参加していることを表しています。一部の子どもだけで話し合っているのではなく、みんなで話し合っていることを確認しているようにも見えます。

そうすることで、「みんなが参加者になろう」という意識が高まり、環境ができていきます。

2つ目は、全体に対しての意見の拡散の役割を担うことです。

例えば、曾根﨑さんは、辞書で言葉の意味を調べて自分の意見とつなげた結果、立場を変えています。すると、言葉の意味も共通理解として、子どもたちの中に入ります。

また、「努力してつくって、みんなが戦争の怖さを知ったら、戦争がなくなる」というように、自分なりに考えた筆者の思いを全体に発言しています。このことにより、13段落の立場としての意見を全体に示すことで、それぞれの立場の話し合いがさらに活発になります。

3つ目は、一人ひとりの考えを認め合える集団の意識をもつことです。立場を変えることは、以前主張していたこととは違うことを主張するのですから、勇気のいることです。勇気を振り絞って、みんなの前で理由を言う子どももいるはずです。学級での関係性が成り立っていない場合は、自分の立場を変えることはできません。自分の意見に意固地になったり、立場を変える人に対して文句を言ったりします。

菊池学級の土台に「ほめ言葉のシャワー」があります。「ほめ言葉のシャワー」から生まれる安心感や信頼感、子ども同士の横のつながりが、お互いの考えの変化を認め合える集団をつくっている一つとして考えられます。

　また、菊池先生は「理由＝自分らしさ」と話します。「なぜか」と自分に問うことにより、自分の考えは深まり、新しい自分にも気付くことができます。そして、理由は人それぞれの生活経験や学習経験によって違いが表れます。つまり、理由を伝えることは、自分らしさを表現することにもつながります。

　「自分の考えをみんなが認めてくれる話し合いができる」「学級は自分の存在を認めてくれている」という雰囲気が話し合い活動には必要なのです。

4. ディベート的な話し合いへ

●話し合いは笑顔でするもの

第Ⅲ期① (9月)
対話ステップ2

　元山さんが、一生懸命に自分の意見を主張するために「1学期に学習した『カレーライス』という文学作品ではこうでしたよね」と根拠を示します。それに対して、魚住さんは優しいアドバイスをします。相手のためを思った気持ちの善意発表です。

> - ●**魚住**　「元山さんが、前の『カレーライス』でも書いてあったと言ったんですけど、まず『カレーライス』は物語文だし、種類が違います。それに『カレーライス』の時は、『気持ちが変わった段落』が課題でした。課題も違うので、それは意見としてはどうなのかなあと思いました」
> - ●**元山**　「私は、物語文とかはあまり気にせず、ぱって選んでしまいました。でも、『カレーライス』をなぜ選んだかっていうと、どっちみち「筆者が言いたい段落は」っていうことだって、気持ちじゃないですか。自分の気持ちの中で『あっ、ここが一番言いたいな』っていうところがあったから、こういう題でこういう文があったのかなと」
> - ●**魚住**　「でも、気持ちの切り替わりと言いたいことっていうのは、気持ちは気持ちでも気持ちの種類が違うっていうか」
> - ●**元山**　「ちょっと私の意見言っていいですか。私の意見は、この13段落の中で気持ちが変わっていくっていうところが意見だったんですよ。『カレーライス』っていうのも意見が変わっていくんだよっていうところが入っていたじゃないですか」
> - ●**魚住**　「ちょっとアドバイスみたいなんですけど、『カレーライス』は物語文ってことで反対されるじゃないですか。だから、『生き物はつながりの中に』は説明文だから、こっちを使った方がもっと説得力が出ていいんじゃないかなあと思いました」

魚住さんは、反論をしていても、相手を気遣う気持ちが言葉と表情に表れています。
「説明文の『生き物はつながりの中に』を使った方がいいんじゃないかなあと思いました」
　というようにやわらかい口調でアドバイスを締めくくっています。
　また、違う立場である魚住さんと元山さんは、最後まで笑顔で話し合いを続けています。
「人と意見を区別する」ことによって、お互いの意見で戦うことに話し合いの価値があることを理解しているからでしょう。自分の意見を主張することに、恥ずかしがったり失敗をおそれたりすることがないのです。相手のためを思って発表すること、そして、その思いを受け入れながら意見を伝えること。学級の土台となっている子どもたちの人間関係が温かく構築され、お互いを認め合っていることが分かります。
　菊池学級の子どもたちは、話し合いをしながらお互いの意見を伝え合って、新たな気付きがあることの楽しさを感じているようです。
　意見と意見をぶつけ合って自分たちが求めている解を追求していく話し合いは、建設的でなければいけません。そして、建設的な話し合いができるためには、話し合いは笑顔であることが大切なのです。

●1 VS 1で対立する強さ

　少しずつ話し合いが白熱してくると、内川君と秋葉君の二人が全員の前で論争し始めました。

●秋葉　「そしたら、13段落にも核兵器のことが書いていると思います。ですが、はっきりと12段落のようには書いていないと思います。13段落には『核兵器や争いごとをなくす』ようなことは、どの部分にも書いていませんよね。ただ単に『平和のとりでを築こう』っていうのが刻まれているっていうだけですよね。記されているだけですよね」

第Ⅲ期① (9月)
対話ステップ2

> - ●内川 「記されているだけではありません。筆者だって、『原爆ドームは、それを見る人の心に平和なとりでを築くための世界の遺産なのだ。』と書いて、自分の意見をはっきりと言っています。『なのだ。』と言って」
> - ●秋葉 「どういう世界遺産なのかを書いているだけではないんですか」
> - ●内川 「どういう世界遺産かを知ってもらって、それで平和のとりでを作ってもらおうと思っているのではないでしょうか」
> - ●秋葉 「どういう世界遺産かが分かれば、平和のとりでが築けるということですよね」
> - ●内川 「はい」
> - ●秋葉 「じゃあ内川君はどういう世界遺産だととっていますか」
> - ●内川 「原爆ドームは、戦争がどれだけ悲惨であるか、それを教えてくれる世界の遺産だと、ぼくは思います」

　菊池先生は、秋葉君と内川君の二人に対して
「強さという言葉がキーワード。全員の前に立って二人でやり合う強

| 第Ⅰ期 | 第Ⅱ期 | **第Ⅲ期** | 第Ⅳ期 | 第Ⅴ期 |

さ」

と話していました。

ディベートの経験を通して、一人ひとりが立場を明確にした上で責任を果たすことを学んでいます。秋葉君と内川君が全体の前に立って対立する強さは、責任感の強さとも捉えることができます。

全体の場ではっきりと見える突き抜けた子どもの姿です。

自分の立場の意見に責任をもち、お互いに意見をぶつけ合って、どちらがいいのかという判断を競い合う強さがあります。本気度も高まってきており、菊池学級で白熱が始まっています。

●メインの話し合いと同時に発生するサブの話し合い

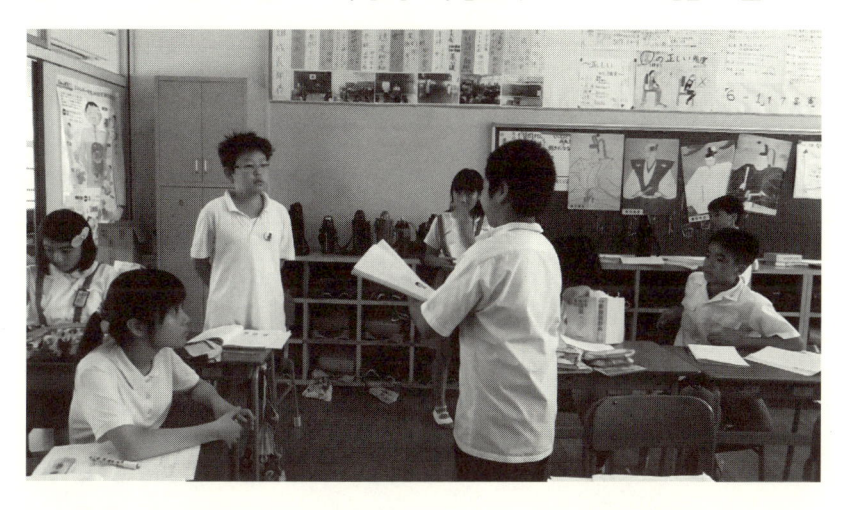

秋葉君と内川君の二人が論争をしているときに、横から割って入る子どもたちが出てきました。途中で割って入って話す子どもも、二人のやりとりを聞きながら考えていたことがよく分かります。自分の考えを明確にもっていることや、相手の意見に対して意見が生まれたことが、話し合いに参加させています。

すると、秋葉君のところに女の子がやってきて、考えを話し始めます。秋葉君は、サブの話し合いに移って、作戦を練ることができ、話し合い

第Ⅲ期① (9月)
対話ステップ2

はまた深まっていきます。

　メインの話し合いと同時にサブの話し合いが起こり始めたシーンです。

　同じ立場の意見同士が、助け合いながら話し合いを進めていきます。ディベートの学習でも見られますが、即興的に意見を補い合って話し合いを進めていく姿です。

　教室では、全体の場でのメインの話し合いをしているときに、このような少人数によるサブの話し合いが他にもいくつか始まっていました。メインの話し合いから、自分の考えを変化させていくことによって、自分たちからサブの話し合いをしようと、自発的で積極的な対話が始まったのです。考え続けることと伝え続けることが同時に起きた瞬間の姿です。

　少しずつ少しずつ一人ひとりが白熱した話し合いへと「型破り」を始めた菊池学級です。

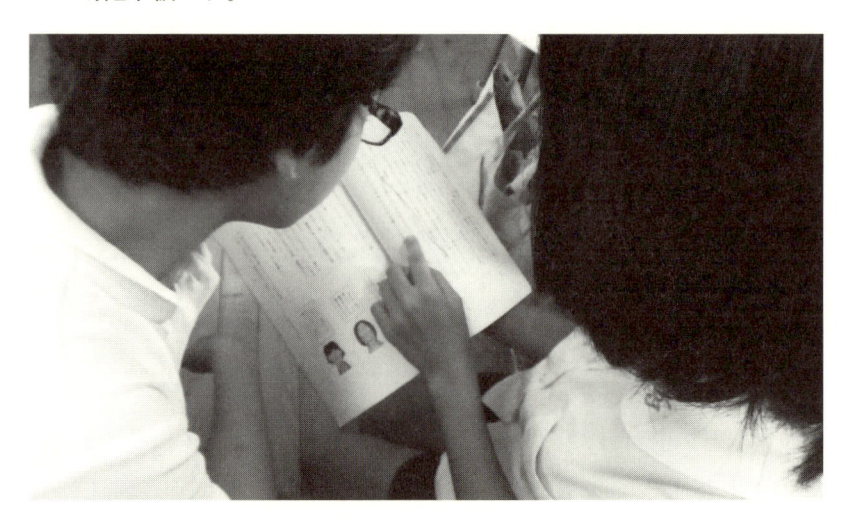

●相手の意見を読む「読み合戦」

　全体発表で意見を出し合うときには、違う立場のグループから意見や反論が出てきます。そこで、菊池先生は、全体の場での話し合いの前から、子どもたちに反対意見を考えさせます。

自分の言いたいことを言うだけではなく、「相手がどう出てくるのだろうか」ということを予想して、相手の意見を読んでおきます。そして、予想した相手の意見に対応できる反対意見を準備しておきます。
　この相手の意見を予想して読むという「読み合戦」の部分が、まさにディベート的な話し合いとなります。
　「文章を読む」「相手の気持ちを読む」「空気を読む」「場を読む」「時代を読む」「先を読む」という「読む力」をつけていきます。
　また、相手の気持ちや考えを読んでおくことは素敵なことなんだ、と価値付けていきます。
　相手の意見を読むことによって、意見と意見でぶつかり合う白熱した話し合いへとより近づくことになります。

5. 話し合いの質を高める

●話し合いの視点を与える板書

　話し合いのときに板書をどのようにするかは、とても重要になります。
　菊池先生は、子どもたちの発言の中から言葉を拾い上げて、説明的文章での話し合いの視点を板書で示します。
　説明的文章であることから、「事実と意見」「文章構成」「題名とのつながり」「文末表現」などを拾い上げています。
　板書で話し合いの視点を示すことで、話し合いの軸がぶれなくなります。そのことによって、個人の意見や話し合いの質もどんどん深まっていきます。
　また、板書の内容は子どもたちの発言から拾い上げているので、子どもたちは自分たちで話し合いを進めていると感じることができます。
　このように「子ども発」で授業を進めることによって、自発的に動き出す子どもたちが育っていきます。

第Ⅲ期① (9月)
対話ステップ2

●教科の価値語「学習用語」

　菊池学級の子どもたちは、学習用語を使って話し合いを進めています。「要旨」「筆者」「事実と意見」「主張」「段落」「文章構成」「題名」「見出し」「文末表現」「説明文」「物語文」「抽象度」「論理的」「情緒的」など、様々な学習用語を使っています。また、菊池先生も学習用語を子どもの発言の中から拾い上げて板書していきます。

　学習用語を使うことは、国語科における話し合いをする上でとても大

切なことです。

　まず、学習用語を使うことによって、意見や考えの具体的な説明をする必要がなくなります。1つの意見や考えが学習用語として定義付けられているためです。例えば、「要旨」の場合、「筆者が文章全体で述べている考えの一番中心となる考え」などと表現できます。共通理解した言葉として話し合いが進んでいきます。

　次に、教材が変わったとしても、学習用語は使うことができます。そのため、子どもたちは1学期に学習した「生き物はつながりの中で」や3学期に学習する「『鳥獣戯画』を読む」から話し合いの課題に合った解を探り出します。

　学習用語を使うことは、学びが広がり、話し合いでの考えも深まることとつながります。

　日常生活の中での価値ある言葉が「価値語」であり、教科の中での価値ある言葉が「学習用語」であると考えられます。

　学習用語は、話し合いの質を高めます。

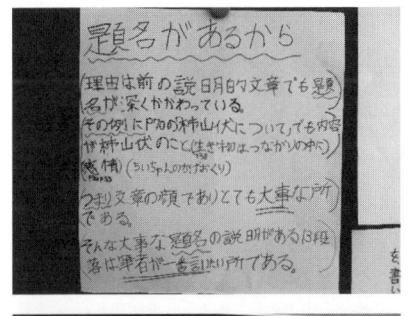

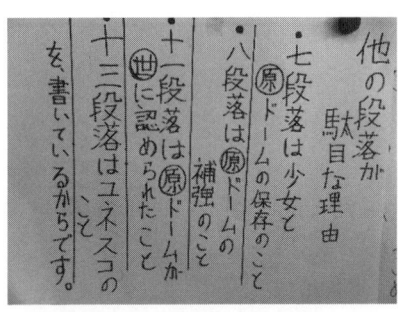

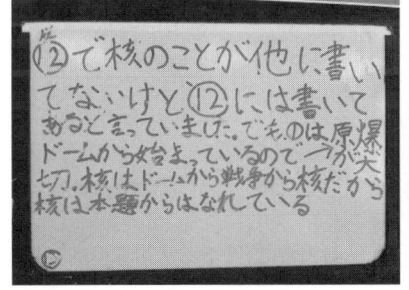

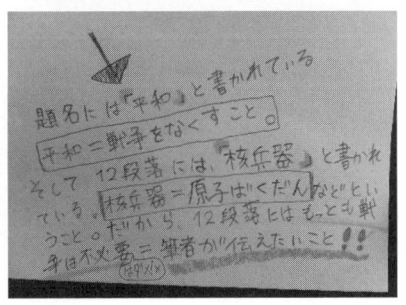

第Ⅲ期① (9月)
対話ステップ2

●文末表現にこだわる

　話し合いが佳境に入ってから、それぞれの立場の子どもたちは、文末表現にこだわって意見を主張し合いました。

> ●C01　「他の段落を見てください。11段落は、最後の文は『だった』、12段落は、『なのである』と書いてあるじゃないですか。13段落は、『なのだ』と書いてありますよね。『なのだ』って一番伝えたいことを強調したいときに使う言葉ですよね」
> ●C02　「でも、それは決まっていません」
> ●C03　「『なのである』も同じような意味を表しています」
> ●C04　「『なのである』ということは、昔にあった出来事を事実として言っているだけです」
> ●C01　「『なのだ』って書いてあるじゃないですか。『なのだ』は、伝えたいときに使うじゃないですか。だから、『なのだ』の最後まで読み取ったら伝えたいことになるんじゃないですか」
> ●C04　「『なのだ』と似たような言葉で『なんだ』と『だ』という言葉があります。自分の考えを強く強調したいときに使う言葉です」

　このように、文末表現の「だった」「なのである」「なのだ」の文末表現の違いに視点を向けて話し合いを進めていきます。

　意見の根拠を教科書の言葉から探り、学びを深めたからこそできる話し合いの姿です。

　この後、全員で「なのだ」の意味を辞書で確認します。辞書には、「強い断定の気持ちを表す」と書かれていました。

　さらには、未学習である「『鳥獣戯画』を読む」の文末表現にまで教

科書を読み進めて注目し、根拠とします。

　様々なことが絡み合い、思考の幅も広がった質の高い話し合いとなっています。

6. 相手を見つめて、自分を見つめる「振り返り」

●学習のセット

　学習の最後には、必ず振り返りをします。菊池先生は、

説明→実際→振り返り

を学習のセットとしています。やり方とねらいや価値を説明して、実際にさせてみて、振り返る。

　その中に、集団としてや個としてのよさ、話し合いでの発言内容についてなどいろいろな振り返りが出てきます。

●振り返りは価値付けてシェア

　授業の最後として、子どもたちの振り返りを価値付けてシェアしていきます。

第Ⅲ期① (9月)
対話ステップ2

　価値付けてシェアすることのよさは、子どもたちが自分たちで話し合いを上達させていると考えることです。一方的に教師が技術的なことを教えるのではなく、「子ども発」でポイントを教えていくことができます。同じポイントを教えるにしても、子どもたちが感じる印象は大きく変わります。

●ほめ合い、称え合い、認め合い

　菊池学級の子どもたちは、振り返りの中で「私たちは成長している、という集団としての成長」と「あなたは成長している、という他者の成長」と「私は成長している、という個としての成長」を実感していることが分かります。プラスの方向へと変容していく自分たちに目を向けた振り返りです。

　以下に、子どもたちの振り返りをいくつか取り上げます。

- ●C01　「内川君が問いかけるように優しく言っている感じがしたので、討論向きになったんじゃないかなあと思います」
- ●C02　「勝ち負けにこだわらずこの討論会をして、自分が成長できたと思ったのでよかったです」

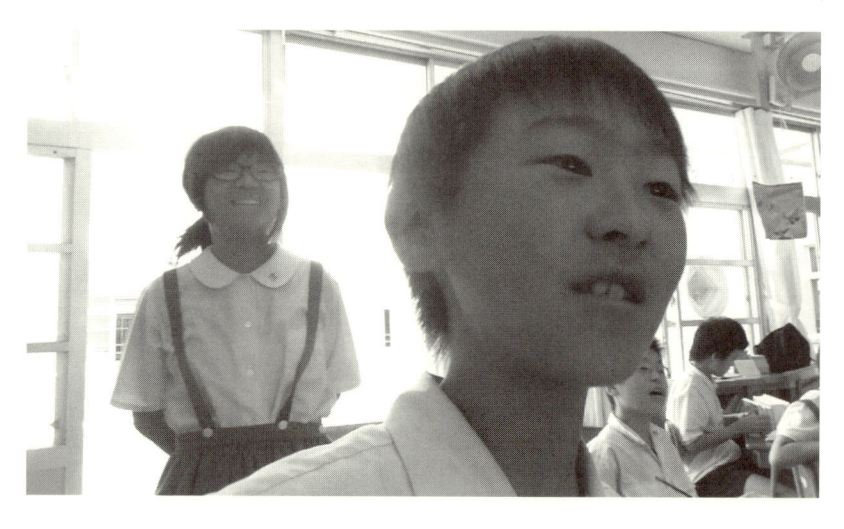

| 第Ⅰ期 | 第Ⅱ期 | **第Ⅲ期** | 第Ⅳ期 | 第Ⅴ期 |

- **C03**　「今回は私たちが負けだったんですけど、勝ったときみたいにすごい嬉しい気持ちになれていたので、私はすごい成長したのかなと思いました」
- **C04**　「荒っぽい白熱じゃなくて、冷静な白熱になれたからよかったです」
- **C05**　「聴き合える話し合いができる34人の学級ができたと思う」
- **C06**　「こっちで討論したり、こっちで討論したりしていたのが、時間の使い方がいいなと思いました」
- **C07**　「松本君が終わってから、先生に『13段落が本当に正しいのか？』と質問をしていたので、最後まで知ろうとする、そういうところが成長しているなと思いました」
- **C08**　「さっきぼくをほめてくれた3人にお返しをしたいと思います。

　　まず松本君は、5分休みにぼくと話しているときに、ディベート中は強い口調をするんですけど、5分休みになると豹変していました。そういう切り替えスピードがいいと思いました。

　　それで、毎熊さんは、そこでぼくたち13段落が話しているときに、あなたは12段落なのに13段落のところで話し合おうとしていました。そういうところが、敵味方関係なくほかのところをつぶすには協力をするっていうのがいいと思いました。

　　ぼくが、そこが元山さんの席とは分からずに、『わあわあわあわあ』言っていたんですけど、あなたは『ここ私の席なんだけど。』と優しく言っていたので、そういう白熱した中でも、関係ないところでは優しく言えることがいいと思いました」
- **C09**　「今までにない討論会ができてとてもよかったなと思いま

第Ⅲ期① (9月)
対話ステップ2

　　　　した」
- C10 「内川君と石田さんと宮崎さんは、意見や反論を山ほど言っていました。だから、考える力がものすごいあるなあと思いました」
- C11 「内川君とけっこう長い戦いをやった時に、初めてあんなに強い人とできたので、内川君には感謝しています。ありがとうございました」
- C12 「さっき言ってくれた二人にお返しをしたいと思います。
　　秋葉君のは、秋葉君と同じで、二人で長い間討論したときに、ほんとはこわかったんですよ。自分が説得されそうな気がして。ほんとに自分が秋葉君を説得できるのかなあと思って。でも「こわい」から「楽しい」に変わっていきました。なので、そういうあなたの喋る中で、人の気持ちを変える、そういうのはいいと思いました。
　　そして、チャン君は、意見とかをいうのはなかったけど、でも、人が喋っているときに一番正対していたのは

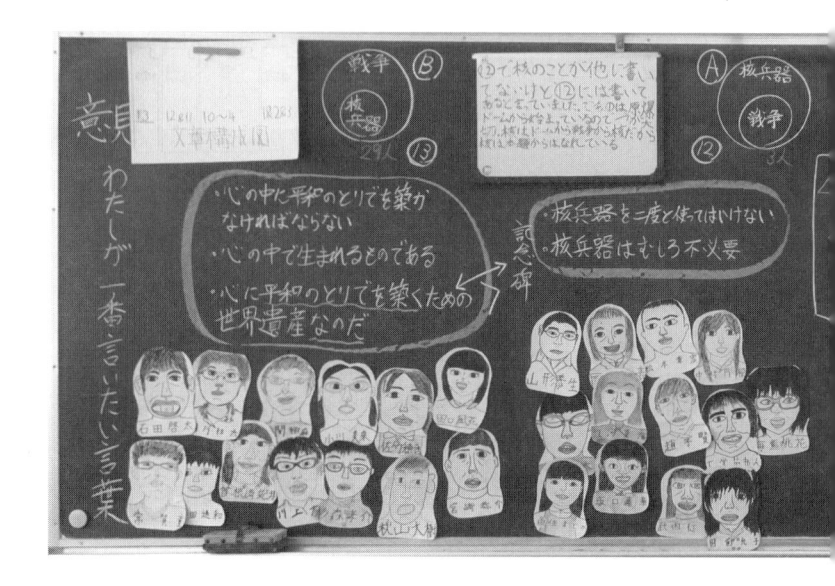

| 第Ⅰ期 | 第Ⅱ期 | **第Ⅲ期** | 第Ⅳ期 | 第Ⅴ期 |

チャン君だったし、いいなあと思いました」

　このように、自分・他者・集団としての成長を実感した振り返りが出てきます。子どもたちが、「何のために話し合いをしてきたのか」「自分たちの何につながる話し合いだったのか」を考えていることがうかがえます。

　また、相手のよさや成長に目を向けた振り返りは、自分の成長へとつながります。相手を見つめることによって、今の自分を見つめることになります。相手を見つめたときに、新たな目標や自分のよさが発見できるからです。

　お互いに「ほめ合い、称え合い、認め合い」をすることによって、相互成長の関係が学級に成り立っているのです。相手の成長が個の成長につながり、個の成長が集団の成長につながり、集団の成長が相手の成長につながり……と成長のサイクルが続いています。

　その成長のサイクルの中で、白熱の体験をスタートさせた菊池学級の子どもたちは、一人ひとりが白熱していき、さらなる白熱した話し合いへと自分たちを進化させていくのです。

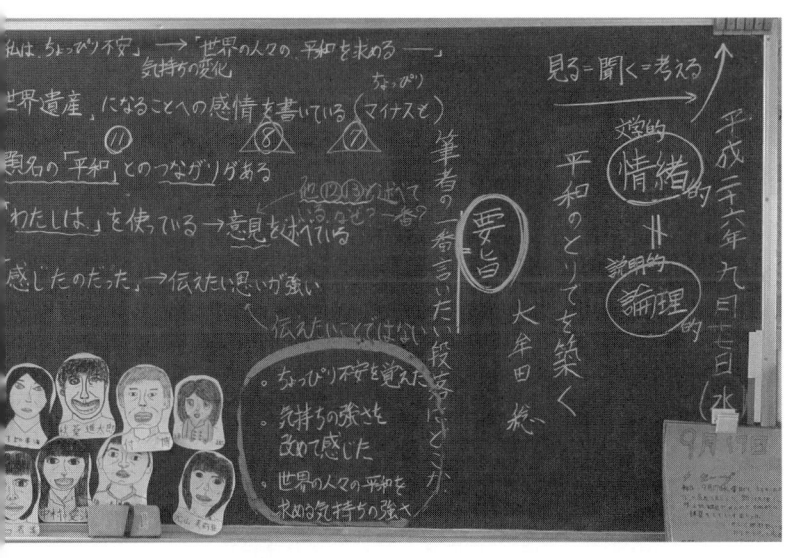

第Ⅲ期②(10月)
対話ステップ2

白熱の体験

広島県府中市立府中小学校
中國達彬

■話し合いの規模を広げる

○授業時間を超えて学び始める、1対1で論争する強い個が現れ始める、メインの話し合いと同時にサブの話し合いが発生し始める―。白熱する話し合いの体験がスタートすると子どもたちの学び方に様々な変化が現れ始めます。次はそうした一部で起こり始めた「白熱する話し合いの体験」をさらに教室全体に広げ、「全体での白熱」を目指します。

○教師は、子どものたちの「よく分からない」という思いに寄り添いながらも、絶対解を求める発問を投げかけることによって、「科学的な読み」「細部にこだわる読み」を促し、『やまなし』というテキストを通して、子どもたちの間のコミュニケーションがさらに加速するように仕掛けていきます。

○子どもたちは、教室内を積極的に立ち歩き、対話をします。教室のあちらこちらに小グループができ、白熱した話し合いが繰り広げられます。「なぜ」「もし」「〜じゃないですか」など、これまでの学習で身に付けてきた対話の技術を使い、子どもたちは自分の意見をつくり上げていきます。

○話し合いの規模が広がることで、コミュニケーションはさらに加速していきます。これまでに着実に力を付けてはいたものの、それを表に現せていなかった子どもたちの多くが、この時期以降積極的に話し合いに参加していくようになります。「責任感はあるが消極的だった子」が「責任感と積極性の両方を兼ね備えた個」へと変容し、集団全体としても大きく成長していきます。

指導のポイント

1. 話し合いの規模拡大をめざす
2. 授業中のコミュニケーションを加速させる
3. 規模を拡大しながら意見を淘汰していく
4. 次の話し合いに向けての構えをつくる

教材 「やまなし」（平成26年度　光村版国語教科書6年）　兄弟の会話

1. 話し合いの規模拡大をめざす

■「話し合いの規模が拡大する」とは

「話し合いの規模が拡大する」とは、学習に対する主体性が高まることによって、子どもたちがそれまでの時間的、空間的、さらには人間関係における様々な制限を越えて話し合いを展開するようになることを言います。

例えば、

第Ⅲ期② (10月)

対話ステップ2

- 自由に立ち歩いて話し合う
- 発言の仕方も自由
- 休憩時間も話し合う
- ノートの書き方も自由
- 黒板が子どもたちに開放される　…など

　自由度の高い環境の中で、子どもたち一人ひとりはそれぞれの目的やニーズに応じて主体的に学び方を選び、集団の中で自分の考えを磨いていきます。菊池学級の子どもたちは、1年の中でもこの時期（『やまなし』の学習が行われた頃）の学習で急速に話し合いの規模を広げていき、「全体での話し合い」の一応の完成形をつくります。

　それでは、この時期、菊池学級ではどのような話し合いが展開されたのでしょうか。また、その中で教師はどのような役割を担い、どのような働きかけを行ったのでしょうか。

■「6」の子どもたちを引っ張り上げる

　菊池学級では、「ほめ言葉のシャワー」「質問タイム」といった子ども同士の関係をつなぐ取り組みが繰り返されることで、「自信と安心感」を土台とした学級の雰囲気が作られていきます。この時期になると4月に比べて人間関係はずいぶんスムーズになり、コミュニケーションも活発にも行われるようになります。しかし、教室の中には、まだ「もう少しで化けそうな子どもたち」がいます。「2：6：2」の法則で言えば、あと少しで「上の2」に行けそうな「6」に属する子どもたちです。

　この時期、菊池先生としてはこの子たちを「上の2」に引っ張り上げ、集団をリードする子どもたちを増やすことで、学級全体としての成長をさらに加速させたいという思いをもっていたそうです。

■時間的な規模を見通す

　では、「6」に属する子どもたちを「上の2」に引っ張り上げるためのポイントとは何でしょうか。まずは、

> 徹底的に話し合うための時間の確保

が挙げられます。

　「6」の子どもたちが「上の2」として活躍するためには、それ相応の活動量が必要です。活動量を保障する上で時間への配慮は欠かせません。しかし、45分間で1つの課題を解決しなければならないという授業のスタイル（だけ）では、1つの課題の解決に向けて子どもたち全員が協働し、その中で迷ったり悩んだり困ったりするといった学習はなかなか実現できません。一部の子どもたちの参加によって課題が解決される（または解決されたとみなされる）授業の連続では、いつまでたっても「6」に属する子どもたちは「上の2」に上がってくる機会に恵まれないのです。

　したがって、教師は、子どもたちが1つの課題についてじっくり調べ、考え、話し合えるだけの時間を保障する必要があります。そもそも小学校授業の45分という時間の枠は、授業する側の都合によってつくられたものであり、いつも学習者の意欲やニーズに十分に応えるものであるとは限りません。「知識」「技能」の量だけでなく、「コミュニケーション」や「個人の変容」にも重点を置く授業観に立つならば、学習の区切りを45分間という枠だけにとどめて考えるのではなく、子どもたち一人ひとりの状況や集団の状態に応じてもっと柔軟に対応・変化させられることが必要です。

　もちろん、授業時間を完全に無視して、時間管理の権限すべてを子どもに委ねるわけではありません。時間を最終的に管理するのはあくまで教師です。したがって、まずは教師自身が、1つの課題に充てる時間の規模をどの程度までなら拡大できるかということをあらかじめ見通した

第Ⅲ期② (10月)
対話ステップ2

上で、授業に臨むことが大切です。
　ちなみに、『やまなし』の学習における課題は次の3つでした。

> 課題①　だれの会話文か考えよう。
> 課題②　谷川の深さはどれくらいか？
> 課題③　5月と11月どちらが明るい世界か？

　ここで、菊池先生は、この3つの課題について、課題①を「準備運動」程度としながら課題②③に徹底的に時間をかけていくという見通しをもっていたようです。そして、ある程度拡大した時間的規模の中で、子どもたち同士のコミュニケーションを加速していけば、おそらく「6」の中から「上の2」に上がってくる子どもたちが出てくるだろうという予測を立てていたそうです。

2. 授業中のコミュニケーションを加速させる

■人間関係の規模が拡大する

第Ⅰ期　第Ⅱ期　**第Ⅲ期**　第Ⅳ期　第Ⅴ期

　授業における子どもたちのコミュニケーションは、量・質ともに加速度的に豊かになっていきます。子どもたちは、日常生活における人間関係を越えてより多くのクラスメイトとコミュニケーションを図りながら課題解決に向かいます。他者とのコミュニケーションを通して自分の意見を見つめ直し、修正してさらにより良いものをめざす――その過程を通して、作品自体の内容もさることながら、「読む力」「書く力」「話す・聞く力」を総合的に高めていきます。
　それでは、『やまなし』の学習の中で子どもたちのコミュニケーションはどのように加速していったのでしょうか。

■絶対解から納得解へ

　『やまなし』という作品は、「クラムボン」「イサド」といった宮沢賢治独自の造語に加えて、「光の網」「青い焰」など幻想的でありながらも抽象度の高い表現が多用されています。また一般的な起承転結の物語ともちがうため、一読しただけでは、作者の思想はもとより、作品自体の情景さえ読み取ることが難しいテキストであると言えます。しかし、賢治の自然科学に対する興味関心の高さを考えると、『やまなし』という作品においても、その抽象的な表現の裏側には確かな科学的裏付けがあったことが予想されます。
　ですから、菊池学級では、「課題①　だれの会話文か考えよう」は、

> 絶　対　解

を求める問いとして、「課題②　谷川の深さはどれくらいか？」は、

> 絶対解に限りなく近い納得解

を求める問いとして示されました。
　そして、最後の「課題③　5月と11月どちらが明るい世界か？」は、

> 納　得　解

第Ⅲ期② (10月)
対話ステップ2

を求める問いとして示されることになります。

　ここでのポイントは、「絶対解を求める問いから始めている」ということです。抽象的な表現の多い『やまなし』において、最初から納得解を求めるような話し合いをしてしまうと、テキストの細部まで比較・検討したり、他から資料を教室に持ち込んで相手を説得したりするような主体的な態度を育てることは難しくなってしまうでしょう。

> 抽象的な表現が多いけれど、科学的に読むことができる。

　絶対解を求める問いから始めることで、子どもたちはこのような感覚をもちやすくなります。そして、このような感覚は、子どもたちの作品（作者）に対する興味・関心を高め、やがて話し合いに対する必然性や必要性を感じることにもつながっていきます。

　どのような課題を示し、それらをどのように構成するか。これも子どもたちのコミュニケーションを加速させるための重要な仕掛けと言えるでしょう。

■9通りの考えが出た課題 ―「だれの会話文か考えよう」―

　菊池学級での『やまなし』の学習は、音読から始まりました。2時間ほどかけてひたすら音読。そして、菊池先生は「よく分からないお話だよね」などと言いながら、おもむろに次のような板書を書きました。

第Ⅰ期 第Ⅱ期 **第Ⅲ期** 第Ⅳ期 第Ⅴ期

> ① 「クラムボンは死んだよ。」
> ② 「クラムボンは殺されたよ。」
> ③ 「クラムボンは死んでしまったよ。」
> ④ 「殺されたよ。」
> ⑤ 「それなら、なぜ殺された。」
>   兄さんのかには、その右側の四本の足の中の二本を、弟の平べったい頭にのせながら言いました。」
> ⑥ 「分からない。」

そして、

> これがかにの兄弟の会話だっていうのは分かった。じゃあ、どれがお兄さんで、どれが弟のセリフなのだろう。

と問いました。
　その後、兄のセリフを○、弟のセリフを△として、①から⑥のセリフを○と△で区別するように指示を出しました。その結果、菊池学級では、A～Iの全部で9通りの考えが出ました。たった6つの会話文にもかかわらず、どれが兄で、どれが弟のセリフなのかを出し合っただけで9通りのパターンが出るわけです。同じ教室の中で学んでいる子どもたちが、分かったようでいて、まったくそれぞれバラバラに読んでいる―『やまなし』というテキストは、子どもたちにとってやはりそれだけ難解なものなのかもしれません。

■「全体での白熱」をめざす

　いよいよ、話し合いに移っていきます。

> 個人→同グループ→全体→同グループ→全体（反論）→…

第Ⅲ期② (10月)
対話ステップ2

すでに子どもたちは上のような流れでの学習を積み重ねていますから、活動自体の見通しをもちながら（先を読みながら）学習を進めることができます。さらに、『平和のとりでを築く』の学習までに、秋葉君と内川君に代表されるような1対1の白熱した論争も全体で共有していますから、それぞれが「白熱した話し合い」のイメージをとりあえずはもつことができています。

したがって、次は、秋葉君と内川君のような「一部の白熱」をさらに「全体での白熱」に広げていかなくてはいけません。

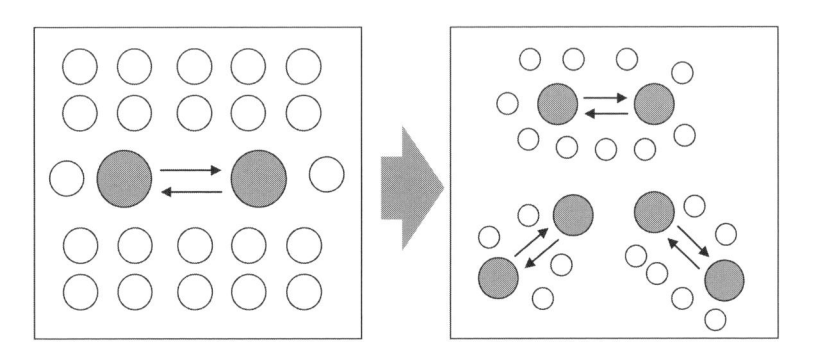

■消極的な学び方に釘を刺す

菊池学級では、個人で考えたあと、教室内を自由に立ち歩きながら同じ考えの者同士を基本としたグループを作り、自分の考えを練り上げていきます。この場面は、「一部の白熱」を「全体での白熱」に変えていく上でとても重要な役割を担っています。一方で、この場面は個々のコミュニケーション力が最も試される場面でもあり、十分な力が育っていなければ、日常の人間関係に引きずられる

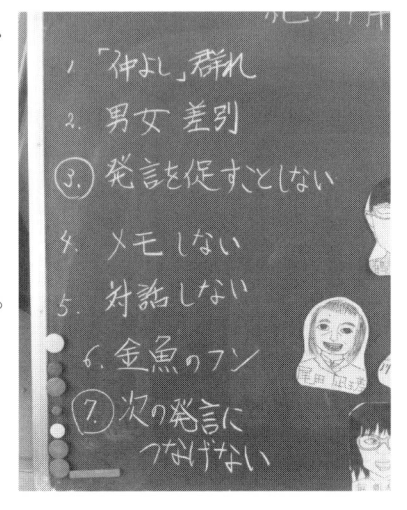

ようにして単なる「仲よし」で群れたり、ただその場にいるだけで「参加者」になることができなかったりします。

　実際に、菊池学級でも、これまで再々念を押してきたにもかかわらず、この時期になってもまだわずかにこうした消極的な学び方をする子がいたようです。

　そこで、菊池先生は自由な立ち歩きによる話し合いに移る前に、写真のような言葉を黒板の左隅に書きました。

> 学級全員で成長していくわけだから、もういい加減、この時期になって、こんな情けない姿はやめようじゃないか

　4月から繰り返し子どもたちに伝えてきたことを確認する意味で、また、この時期わずかに見られた消極的な子どもたちと、それを取りまく集団全体に対して、"釘を刺す"意味で、菊池先生はあえてこのような言葉を示しました。

■「なぜ？思考」で対話を促す

　当然 "釘を刺す" だけでは子どもたちのコミュニケーションは加速しません。対話が促されるような技術面での指導も積極的に行います。

　例えば菊池学級では、

> 「なぜ？」

という問いが習慣づけられています。

　「なぜ？」という問いは、怪しい前提や論理の欠陥を見つける上で役に立つ思考法の一つです。もし根拠なく、直感だけで主張しているとすれ

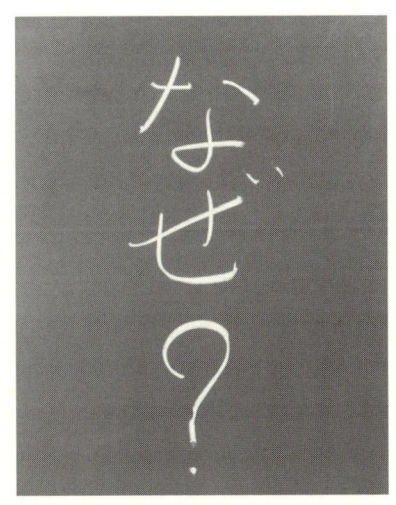

第Ⅲ期② (10月)
対話ステップ2

ば、「なぜ？」と問うだけでその論理の不十分さに気付くことができます。

さらに、「なぜ？」という問いは、その分野の専門的な知識に乏しくても使うことができます。ですから、子どもたちは「なぜ？」という問いをもつことでよりスムーズに対話を続けることができるようになります。

■ 「もし思考」で対話を促す

「なぜ？思考」の他にも子どもたちがよく使う思考方法があります。それが、

> 「もし…だったら」「もし…だとしたら」

です。菊池学級の子どもたちは、課題を解決するために、「場面」や「設定」、「数値」を変えることで、様々な視点から物事を考え、自分の意見を組み立てていきます。その際によく使われるのが「もし」という言葉です。

第Ⅰ期 第Ⅱ期 第Ⅲ期 第Ⅳ期 第Ⅴ期

●内川　「はい。ぼくは、まずクラムボンが何なのかを推測してから、あの、Bにしました。で、あのなぜそうしたかと言うと、『兄…さんのかには』っていう文があるんですけど、これがもしクラ…ムボンが親戚とかだったりした場合、もし死んだら、弟とかちっちゃい子は悲しむじゃないですか。で、それをなぐさめるために『それならなぜ殺された』って言った時に、あのこうやって平べったいお腹を乗せながら、そうやって言ったら話が合うし…もし、こうしながら分からないって言ったら、行動と文としておかしいじゃないですか。『わからない』とか言ったりしたのに」

　算数科や理科においては「仮定する」「仮説を立てる」という論理的思考法がしばしば「型」として取り上げられますが、菊池学級では、国語科をはじめとする様々な対話場面においても、こうした思考法がごく自然な形で活用されます。
　「もし」という言葉を使うことで、話し手は聞き手の同意を得やすくなり、より説得的に自分の意見を主張することができるようになります。「なぜ？」や「もし」など、菊池学級の子どもたちは、思考や対話を促す言葉を数多くもっています。子どもたちは、こうした言葉をもっていることで、自らコミュニケーションを加速させていくことができます。

103

第Ⅲ期②（10月）
対話ステップ2

■コミュニケーションを加速させていく子どもたち

　菊池学級では自由な立ち歩きのある話し合いの中で子どもたちが主体的にコミュニケーションをとり、課題解決をめざしていきます。子どもたちは、「自信と安心感」を土台とした雰囲気の中で、これまで身に付けた対話の技術をごく自然に活用します。

> 「〜じゃないですか」
> 「〜してください」（教科書〇ページを開いてくださいなど）
> 「いいですか」

　子どもたちが授業の中でこのような力を発揮できるようにするためには、やはり教師の計画的かつ継続的な指導と評価（価値付け）が必要です。
　先ほどの"釘を刺す"ための板書のように黒板を使って学習用語や価値語を可視化したり、積極的に個の変容を全体で共有したりしながら、価値ある話し合いを定着させ、さらに発展へと導くようなメッセージを

送り続けることが大切です。

　例えば、次の場面では、元山さんが自分から"話し手"ではなく"聞き手"にまわることで、隣にいる曾根﨑さんに「ひなある？」と声をかけ発言を促しています。そして、発言を促された曾根﨑さんは、自分の考えと中村さんの考えとを比べた結果について、なんとか自分の言葉で伝えようとしています。こうした曾根﨑さんの言葉を元山さん、中村さんはうなずきながら聞いています。

●中村　　「…お兄さんがそれをまとめるために、わからないってことを言ったんだと思う、私は」

●元山　　「ひなある？」　※「ひな」は曾根崎さんの名前。「姫那」。

●曾根﨑　「ひなは、まあ、ナカ（中村さん）と似とるけど、死んだよっていうのを、弟かな…弟が言って、お兄ちゃん…あ、お兄さんが殺されたよって言って、それが続いて、なんで殺されたと？って最終的に弟が聞いて、分からないって、ナカが言ったようにさ、なんかね、最後の、あのー、お兄さんかにがさ…」

　また次の場面では、魚住さんが自分の考えをうまく伝えられない宮崎君に対して、「兄がずーっと言うん？」「○○ってこと？」と言いながら、彼が伝えたがっている内容を理解しようとしています。

105

第Ⅲ期②（10月）
対話ステップ2

> - **魚住**　「兄がずーっと言うん？」
> - **宮崎**　「兄がなんでさ『クラムボンは死んだよ』『クラムボンは殺されたよ』って…」
> - **魚住**　「兄がずっと自問自答しようってこと？」
> - **宮崎**　「だってさ…ん〜、兄ちゃんのかにが、あの、乗せたっていうことで、弟が何かを行動しながら…」

　相手の発言がよく分からないからといって簡単に切り捨てたり、自分の勝手な解釈で制したりしてしまうのは簡単です。しかし、ここで魚住さんは話し合い全体の状況も整理しながら、自分の考えを伝えようとする宮崎君の声に耳を傾けています。

　菊池先生があらかじめ釘を刺した通り、子どもたちは男女を越えて、日常の仲よし関係を越えて（人間関係の規模を拡大して）、お互いに発言を促し合いながら自分たちでコミュニケーションを加速させています。そして、「一部のメンバーによる白熱」がより広範囲に拡大し、「全体での白熱」に近付いていきます。

■「対話しない」という自由も認める

　一方、自由な立ち歩きのある話し合いにおいて、次のように一人で学ぶ子の姿もしばしば見られます。

> 「なんかちょっとおれ、一回席戻る。」

　9人くらいで考えているグループの中にいたある男の子が、いろいろな意見を聞いているうちに頭の中が混乱し、自分の席に戻る場面がありました。こうした子たちは、

> あえて対話の輪から外れ、自分の考えをまとめる

ということをしているようです。

第Ⅰ期　第Ⅱ期　**第Ⅲ期**　第Ⅳ期　第Ⅴ期

「自分の意見をつくる」ためには、他者との対話も重要ですが、冷静に自分の頭の中と向き合うことも必要です。他者との対話が白熱すればするほどに、頭の中が混乱し、自分がどんな立場で、どんなことを根拠にして主張していたのかが分からなくなってくることがあります。自由な立ち歩きのある話し合いでは、このようにあえて「対話しない」という自由も保障しておくことが大切です。

■自由なコミュニケーションの中で起こる「個の変容」を見取る

> 同グループ→全体→同グループ→全体（反論）→…

このサイクルが数回繰り返され、それぞれ意見が活発に交流、検討されるようになってくると、「今の立場だと筋が通らないぞ…」ということに気付く子が現れ始めます。つまり、他者とのコミュニケーションを通して、個人の中に変容が起こり始めるのです。

次の場面は、同グループでの話し合いの最中に、中村さんと付（フー）君が立場を変えた場面です。

第Ⅲ期② (10月)
対話ステップ2

> ●菊池 「中村さん、どうしてBに行ったの？」
> ●中村 「最初は意見を間違えてたんですけど、えっと、Bの意見は、死んでしまったよっていう単純なことなんですけど、死んでしまったよっていう、フレーズが…言葉があるじゃないですか。そして弟がそれを言ってるのは『死んでしまったよ』…あー、『殺されたよ』なんですけど、『殺されたよ』『殺されたよ』で続いてるんですよ。兄はでも、弟より長く生きてるからいろんなことも知ってるじゃないですか。だから、『死んでしまったよ』…あ『死んだよ』『死んでしまったよ』なんちゃらかんちゃらっていう…なんか言葉の表し方？みたいなのです」
> ●菊池 「あー、なるほどね」
> （付君が菊池先生に近付いてくる）
> ●付 「先生、変わっていいですか？」
> ●菊池 「どっちからどっちに？」
> ●付 「AからBに」
> ●菊池 「AからB…なんで？」
> ●付 「この宮沢賢治っていう人は、かぎかっこがついた後に、何かをしたみたいなふうにしたの多いんですよ。だから、たぶん、これもこっちになるんじゃないかなと思って…」
> ●菊池 「かぎかっこの次に…」
> ●付 「はい。次に…例えば…」（教科書をめくる）

> なぜ立場を変えたのか

　この時、菊池先生は二人ともに「なぜ立場を変えたのか」を尋ねています。授業の中で起こるこうした"内面の変化"にこそ教師は注目したいものです。そして、それが「金魚のフン」のように、明確な理由も示

さないまま立場を変えようとしているのか、より良い意見をつくろうとする中で確かな意志をもって変えようとしているのかを見取らなければなりません。

「個の変容」を見取る

　これは自由な立ち歩きのある話し合いでの教師の大切な役割です。

　話し合いを通して、その子の(あるいは集団の)何が変容したのか。変容しようとしているのか。「考え続ける学び」を目指す上で、教師はいつもこの視点を大切にもっておかなければなりません。

3. 規模を拡大しながら意見を淘汰していく

■場の規模も拡大する

　学習が進むにつれて、徐々に子どもたちの中に自分の意見がつくり

第Ⅲ期② (10月)
対話ステップ2

あげられていきます。そして、さらに多くの仲間とコミュニケーションをとろうと、それぞれが「僕はこう思う」「私はこう思う」と言いながら、

> 動きのある学習

を行ってきます。子どもの動きがダイナミックになるにつれて、最初は教室の中だけだった学習の場の規模が、さらに拡大し、子どもたちは必要に応じて、

> 教室外でも話し合う

ようになります。菊池学級では、「秘密会議」といって全体での話し合いに備えて同じ考えをもつグループで集まり、より説得力のある伝え方をしようと作戦を練ることがあります。『やまなし』の学習でも、教室の外に出て輪をつくり作戦を練っているグループがありました。
　ここで大切なのは、

> 教師が子どもの視界から消える

ことです。
　学習者の主体性を伸ばそうとするならば、教師は、子どもが主体的になればなるほど、パフォーマンスの量を減らしていく必要があります。結果、教師の姿はしだいに子どもの視界から消えていくことになります。教師は子どもたちの姿をていねいに見取りながら、その姿を子どもの視界から消していく。この教師の立ち位置が、子どもが自ら話し合いの規模を拡大していく上で重要なのです。

■資料の規模も拡大する

> - ●岡田　「…の本ってありますか？」
> - ●菊池　「あのー、図書室だったらある」
> - ●岡田　「持ってきていいですか」
> - ●菊池　「どうぞ」

　子どもたちは話し合いを重ね、意見を主張し合うにつれて、より説得力のある"証拠"を見つけようとし始めます。『やまなし』の学習では、教科書だけでなく、図書室から他の宮沢賢治作品を持って来る子がいました。中にはより一般性のある主張をするために、宮沢賢治以外の作品を検討し始める子もいました。

　菊池学級の子どもたちは、これまでディベートの学習や社会科の授業等で、必要な資料（情報）を教室外から持ってくるという経験をしてい

第Ⅲ期② (10月)
対話ステップ2

ます。したがって、子どもたちは、そうした経験をこの『やまなし』の学習でも生かすことができました。こうして、菊池学級の子どもたちは、課題解決に向けて、図書室や自宅のインターネットを活用して情報収集を行うようになりました。

■意見を淘汰していく

最初に9通りのパターンが出てきた「課題①だれの会話文か考えよう」でしたが、全体での話し合いを通して、終盤は大きく2つの意見に絞られていきました。

> ●元山 「わたしはBです。かぎかっこ（「　」）っていうのは、その会話文を、その書くために使う記号なんですよ。それをいちいち、例えば内川君とかが言っていたんですけど、つながって言っているんなら、会話文なのに変える必要がないじゃないですか。1つのかぎかっこに言ってることを全部書いたらいいじゃないですか。だから、そのわざわざ変える意味もないし、自問自答をいちいち口に出して一人で、そんな独り言みたいに言うことはないんじゃないかなって私は思ったりするのでBにしました」
> ●菊池 「じゃあ、A、F、Gはおかしいって言うわけですね」
> ●元山 「はい」
> ●菊池 「はい。少なくとも」

「自問自答している」といった理由で、いくつかの会話文を続けて兄か弟の一方が話しているという意見がありましたが、それらの意見は、上のような主張によって淘汰されていきます。つまり、会話文なのだから、「　」で分ける必要ないという主張です。この主張によって、9通りのパターンから、BとIの2通りの意見が残りました。

そして、終盤は、BとI、どちらが妥当かということを話し合いまし

た。そして、問題になってきたのは、⑤と⑥の間にある一文、つまり、

> 兄さんのかには、その右側の四本の足の中の二本を、弟の平べったい頭にのせながら言いました。

が、⑤にかかるのか、それとも⑥にかかるのかということでした。⑤にかかるならば⑤が「兄」のセリフということになり、⑥にかかるならば⑥が「兄」のセリフということになります。

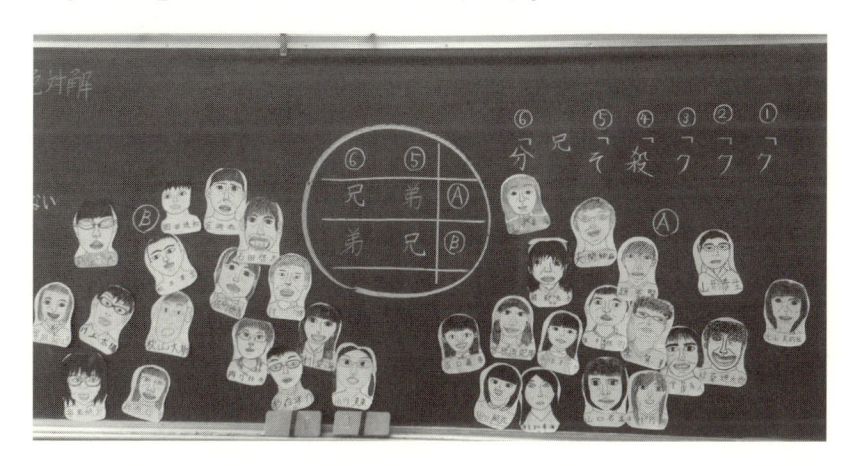

菊池学級では、わかりやすくBをⒶ、ⅠをⒷとして、再び２つの立場に分かれて話し合いを行いました。

4. 次の話し合いに向けての構えをつくる

■１マス空いているかどうか

この話し合いを決定づけたのは「兄さんのかには、その右側の…」の文頭が１マス空いているかどうか、ということでした。本文では、この一文は１マス空くことなく始まっています。つまり、１マス空いていれば⑥にかかることになるが、１マス空いていないのだから⑤にかかって

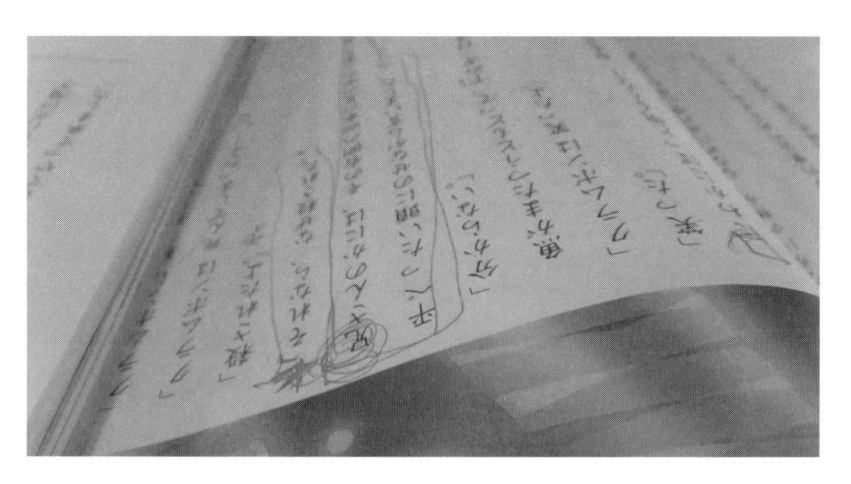

第Ⅲ期② (10月)
対話ステップ2

いる。だから、⑤が「兄」のセリフだという主張がこの話し合いの結論となったのです。

- ●**菊池**　「ちょっとB、最初に言ってもらおう。B?はい」
- ●**中村**　「えっと、難しいかもしれませんが、105ページと108ページを開けてください」
- ●**菊池**　「105と108」
- ●**中村**　「108ページの4行目に『弟のかにも言いました』っていうのがあるんですけど、えっと、これは普通…（別の子が教科書を見せる）ごめんね、ありがと。文の…言った…自分が言ったかっこがついてる文の次に、例えば104ページの後ろから4行目の『笑った』の次に『にわかにぱっと明るくなり』っていうところは、マスが空いてるんですよ」
- ●**菊池**　「上の1マスが空いてる、と。はい」
- ●**別の子**　「あぁ」
- ●**中村**　「でも、108ページは、空かずに、『弟のかにも言いました』って書いてあるんですけど、この『こわいよ、おとうさん』っていうのを弟が言ったのって分かりますか。

| 第Ⅰ期 | 第Ⅱ期 | **第Ⅲ期** | 第Ⅳ期 | 第Ⅴ期 |

> それと同じで、104ページの『兄さんのかには』っていうところもマスが空いてないし、『兄さん』っていうのがついてるから、これはBだと思います」
> ●菊池 「ああ、だから兄さんが言ったんだと、いうわけですね」

■次の話し合いに向けての構え

菊池先生は、課題①の話し合いを終えて、子どもたちに次のように話しました。

> なんだかよく分からないお話だけれど、とにかく１マスにまでこだわって読まなければならない作品なんだね。

菊池先生は、この言葉で、「やまなし」という作品が、「よく分からない」、つまり難解な作品ではあるが、とにかく細部にまでこだわって読む価値のある作品であるということを確認しています。

課題①で、１マスにまでこだわって読むことを学んだ子どもたちは、課題②③でもテキストの中の言葉一つひとつ、書きぶり一つひとつ、さらには作者宮沢賢治の生い立ちにいたるまで細部にこだわって読もうとします。そして、自分の考えを述べ、他者の考えを聞く中で、コミュニケーションはさらに加速し、「一部の白熱」が、確実に「全体の白熱」へと拡大していきます。教室全体が白熱し始めると、これまで「責任感はあるが消極的だった子」も、徐々に積極性を獲得するようになり、「6」から「上の2」へと成長していきます。こうなってくると、個の成長と集団の成長とが相乗効果となって、教室はさらなる熱を帯びるようになります。

第Ⅲ期③（10月）
対話ステップ2

白熱の体験

広島県廿日市市立大野東小学校
重谷哲生

■子どもを信じて任せる

○席を離れ、友達と自由に話し合いながら学習するなど、話し合いの規模を拡大してきた子どもたちへの次の指導は、「子どもを信じて任せる」ことです。この段階では、教師の発問や指示を必要最小限にし、できるだけ子どもたちに活動を委ねていきます。

○活動の際には、子どもたちの良いところを認め、価値付けをしていきます。休憩時間に図書室に行って調べてきた子を取り上げ、全体の場で認め全員で拍手をします。教室という枠を飛び出して、自らすすんで学習したことを全体で認めることにより、学びの場は拡大し、ダイナミックな活動へと発展していきます。

○教師はなるべく口をはさまず、子どもたちで話し合いが進むようにします。例え論点がずれたとしても、子どもたちが納得するまで話し合わせることが大切です。これが白熱する話し合いを生むための最大のポイントだと考えます。意識したいのは、話し合いの後に必ず振り返りの時間をとることです。白熱した話し合いを冷静に見つめ直し、良かった点や改善すべき点について、意見を出し合うことで、話し合いの質が高まっていきます。

○白熱する話し合いを支えているのは、日々取り組んでいる「ほめ言葉のシャワー」や「価値語」などの学級の土台をつくる取り組みです。特にこの時期は、「ほめ言葉のシャワー」も充実してくる頃です。教室に自信と安心感が広がり、友達との関係も良くなり、居心地の良い雰囲気の中で生活することで、子どもたちは、安心して自分の意見を述べることができるのです。

| 第Ⅰ期 | 第Ⅱ期 | **第Ⅲ期** | 第Ⅳ期 | 第Ⅴ期 |

> **指導のポイント**
>
> 1. いきなり核心を突く発問から入る
> 2. 国語の枠を越えていく多様な学習形態
> 3. 規模の拡大から生まれるダイナミックな話し合い
> 4. 子どもたちを信じて任せる戦略性

教材「やまなし」（平成26年度　光村版国語教科書6年）　川の深さ

1. いきなり核心を突く発問から入る

■谷川の深さはどれくらいか

　授業が始まった2分後、菊池先生は、唐突に核心を突く発問を提示しました。

> 谷川の深さはどれくらいか。

　この発問に対し、子どもたちは、特に驚く様子もなく、教科書のテキストにラインを引いたり、国語辞典を開いて言葉の意味を確かめたりと、まるでスイッチが入ったかのように、主体的に活動を始めました。

　菊池先生は、子どもたちから最小値である「8cm」と最大値である「500m」の予想を引き出した後、自ら黒板に「深さを表す図」を描い

第Ⅲ期③ (10月)
対話ステップ2

ていきました。これをきっかけにして、子どもたちは、思い思いに、自分の値に近い場所に自画像をはるために、前に出てきました。

■理由を文章に基づいたものにする

子どもたちが席に着いた後、菊池先生は次のことを確認しました。

> これはお話ですから、理由の中に「お話の文章」や「言葉」を入れましょう。

国語の授業ですから、当然のことながら、理由が文章に基づいていなければ説得力がありません。菊池学級では「意見＋理由」をセットで書くことが徹底されています。

理由を書く際に、子どもたちが使っていたのが国語辞典です。国語辞典を使って課題を解決しようとする姿は、この後も一貫して見られた光景です。子どもたちが、言葉にこだわって課題を解決していこうとしていることがよく分かります。

菊池学級におけるノートを書くときのルールをまとめると、

> ・意見と理由をセットで書く。
> ・理由は文章に基づく。

の２点です。
　このルールを守りながら、子どもたちは自分の個性を生かして、自由にノートを作っていきます。
　特筆すべきは、書くスピードの速さです。10月という２学期の途中であっても、鍛えられた子どもたちは、すばやく全力でノートに文字を書きこんでいきます。

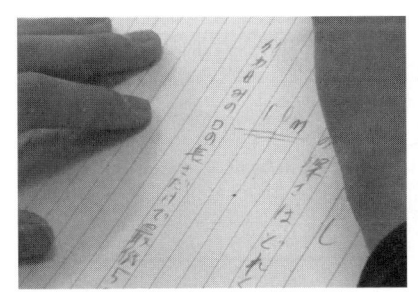

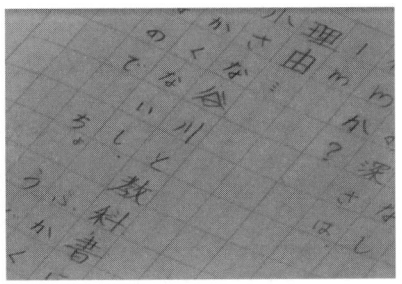

　ただひたすらに、ノートに向かう時間は、まさに息をのむ音が聞こえてくるほどの真剣勝負です。

■考え続ける人間を育てるための発問の提示方法

　菊池先生の国語の授業は、従来型の国語の授業とは全く異なるものと言えるでしょう。
　例えば、従来型の国語では、次のような進め方をします。

> ①単元の見通しをもち、初発の感想を書く。
> ②語句の意味調べをする。
> ③学習課題を作る。
> ④５月の谷底のイメージや兄弟の気持ちを想像する。

第Ⅲ期③（10月）
対話ステップ2

> ⑤１２月の谷底のイメージや兄弟の気持ちを想像する。
> ⑥終わりの感想をもち、朗読する。
> ⑦宮沢賢治の他の本を読み、賢治の人生について考える。

　語句の意味を調べたあとに、場面ごとに心情を読み取っていくという従来型の授業は、子どもたちに内容を理解させた上で、話し合いをさせようというスタイルです。

　しかし、このスタイルでは、教師の「内容をしっかりと理解させたい」という思いが強く出過ぎて、いわゆる「教え込み」になることも多々あります。つまり、子どもたちから見れば「受け身」の授業になりやすいという問題点があります。

　対して、菊池先生は、学習の最初に主要発問を持ってきます。最も追究させたい課題を頭にもってくることで、子どもたちのやる気に火を着けて、その後の追究の活動につなげています。

　一連の流れを示すと次のようになります。

> ①子どものやる気に火を着ける問いを提示する。
> ②問いに答えるために、語句を調べる、他の資料も探す。
> ③問いと教科書や資料の内容とを結び付けて、意見と理由を書く。
> ④お互いの意見を出し合い、話し合いを通して納得解を見つけていく。

■子どもの自由な動きを保障しつつ、大切なことはおさえる

　菊池先生が授業中に話す量は圧倒的に少ないと言えます。学級開きからかなりの時間の経った10月のやまなしの授業では、子どもたちが、主体的に考え続けるスタイルに変わってきていますので、なおさら少なくなっています。

| 第Ⅰ期 | 第Ⅱ期 | **第Ⅲ期** | 第Ⅳ期 | 第Ⅴ期 |

※やまなしの授業が始まる！

　そんな中でも、菊池先生は、大切だと思うことを、ある時は全員に、ある時はつぶやくように、またある時はユーモアを交えて、子どもたちに発信しています。
　例えば、次のようなことです。

> 谷川の深さ（を書くときは）、何mとか何cmとかね。

　谷川の深さをどうあらわしたら良いかを悩んでいる子がいることを想定してのつぶやきです。

> 何年か前にいたんだ。教科書の図を定規で測った子が。（笑）

　実際に教科書の挿し絵の谷川の深さを測る子がいることを想定して、事前に伝えています。注意したいことを笑いに変える技術です。

> まだの人？　さっさと書く。（笑）

　さっさと書く！という厳しい言葉も、菊池先生の笑顔で緩和され、子どもたちも素直に受け入れることができます。

　この間、子どもたちは菊池先生のつぶやきに反応しながらも、作業に集中しています。
　それをいちいち止めて、「いいですか？聞いてくださいね」「これから

第Ⅲ期③（10月）
対話ステップ2

大事なことを言いますよ」などと教師が口をはさみ、流れを断ち切る必要はありません。

　この後も、子どもたちは、菊池先生の必要最小限の指示・つぶやきの中で、自主的に考え続けていく姿を見せ続けます。

　それはもう圧巻としか言いようがありません。

2. 国語の枠を越えていく多様な学習形態

■国語辞典をツールにする

※付箋でいっぱい。使い込まれた国語辞典！

　国語の授業ですから、国語辞典を使うのは当たり前のことかも知れません。ですが、その使い方については、菊池先生流の工夫が見られます。

　1学期の最初の段階では、調べる言葉を指定して、一斉に調べさせます。そして、調べたい語句を見つけた子はその場で立ち上がって、3回読みます。そして、挙手して指名されるのを待ちます。これは、国語辞典を自由自在にツールとして使うための練習も兼ねています。

　授業の様々な場面で国語辞典を活用してきた子どもたちは、10月の

やまなしの授業では、自由なタイミングで、自分が必要な時に開いて使うことができるようになっていました。

■谷川の深さを、言葉を根拠に想像する

全員が谷川の深さに関する理由を書き終えた頃、一人の子どもが菊池先生のところにやってきました。
「先生、意見が変わってもいいですか？」
菊池先生はこの瞬間を待っていたのでしょう。ここだ！という表情で次のように指示しました。

> 変わりたいという人がいるみたいだから、聞いてあげてください。

この指示を皮切りに、次から次に子どもたちが黒板のところで列を作って発言を待っています。

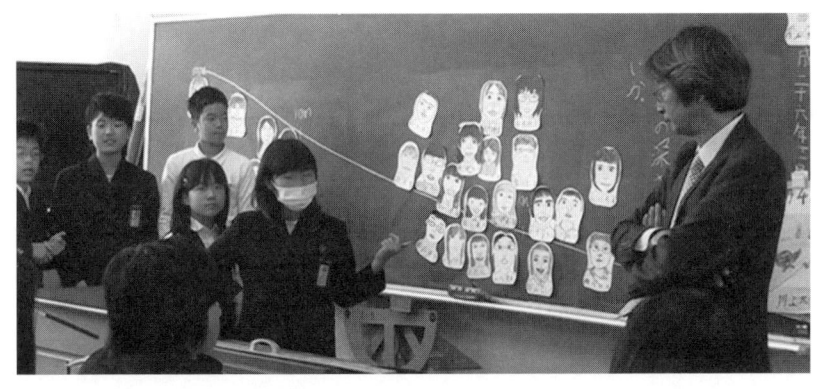

※自分の意見を言うために列を作る！

最初はある程度、予想の範囲で自分の考えを書いたものの、じっくりと本文を読み、言葉を調べることで、考えが変わったことが分かります。
例えば、ある女の子は次のような説明をしました。

C01 「私は、深さは１ｍくらいかなと思いました。理由は、かわせみって17cm位で、食べるお魚が大きかったら食べれない

第Ⅲ期③（10月）
対話ステップ2

> と思うんですよ。あと、小さい魚がいっぱいいると思うので、8cmとかだったら、魚が水から出ちゃうんじゃないかなと。それから、かにの頭の上を魚が過ぎて行ったと書いてあるじゃないですか。それで8cmとかだったら、過ぎていくというか、すれすれになっちゃうんじゃないかと思って変わりたいと思いました」

　この意見では、「かにの頭の上を魚が過ぎて行った」というように、本文を引用しながら説明をしているだけでなく、かわせみを国語辞典で調べて、大きさを知り、それを根拠にして説明しています。国語辞典を使いこなしている好例ではないかと思います。

　また、別の男子は、谷川の深さを30cm位だとした上で、次のような理由を述べていました。

> **C02**　「川のかにって言ったら、サワガニで、一番小さいのが2cmで、一番大きいのでも4cmくらいなんですよ。そしてやまなしは、秋に2、3cmの実をつけると書いてあったんですよ……以下略」

　この説明も国語辞典に書いてあったことを根拠にしています。
　こういった説明を聞いた子どもたちは、具体的な数値が出てきたことで、理科的な視点をもつことになりました。そして、理科的視点から課題を解決することができるのはないかと考えるようになりました。
　この授業が終わり、休憩時間になった途端、早速子どもたちは動き始めます。教室の外に飛び出して学び始めるのです。

第Ⅰ期　第Ⅱ期　**第Ⅲ期**　第Ⅳ期　第Ⅴ期

※休憩時間とともに動き出す！

■休憩中の子どもたちの様子、そして休憩明け

　廊下に座り込んで教科書を開き、あれこれと話し合っている子どもたち。教室では、男子も女子も関係なく、議論を交わす。そんな風景が当たり前のように広がっていました。
　中休みをはさんで、授業を再開した時、菊池先生はこの学びの広がりをさらに拡大するために、次のような問いを出しました。

> 　この休みに図書室に行った人がいるみたいなんだけど、何をしに行ったか分かる人いますか？

　これに教室のほとんどの子どもたちは挙手をしました。そして次の発言がありました。
「かにのサイズを調べに行った」
　これを受けて、菊池先生はさらに続けます。

> 　あ、かにとかね、かわせみとか、やまなしとか。うん、これをね。図書室に調べに行った人がいるんだ。はい、行った人、手を挙げてごらん。

125

第Ⅲ期③ (10月)

対話ステップ2

　これに2人の男子が手を挙げました。その瞬間、菊池先生は畳み掛けるように次のように展開しました。

> はい、このサムライ二人に大きな拍手を!

　拍手を受けた二人はとてもうれしそうにしていました。また、拍手をしている子どもたちもとてもうれしそうでした。
　菊池先生は、「話し合いの続きをやりましょう」とか「図書室に行って調べましょう」というような指示を一切していません。
　しかし、子どもたちが良い行動を見せた時には、すかさず取り上げてほめて、全体に広げるという形で、自然に子どもたちが自らすすんで学習することができるよう工夫しています。

■場の拡大を推進する

　この後、菊池先生は、自由にグループを作って話し合う活動を仕組んでいきます。また、そのグループで教室から外に出ることも許可しています。これは、従来型の座学的な国語の授業とは全く異なるものです。
　菊池先生は、次のように指示して、場の拡大を推進しました。

> 　赤鉛筆か青鉛筆以外のペンで、友達と相談して、出た意見を書いてください。いいでしょうか。
> 　廊下を使っても構いません。
> 　ただし、図書室に行く人は前もって言ってください。

> 時間は10分です。それでは、白熱しましょう!!

　菊池先生の「白熱しましょう!」の掛け声とともに、子どもたちは一瞬にして立ち上がり、友達と声をかけ合いながら、思い思いの場所に散らばっていきました。

※思い思いの場所へ！友達とともに！

■真の自主性とは？

　子どもたちの追究は、授業時間のみならず、休憩時間も延々と続きます。ある時は調べ学習、またある時は白熱の討論が止まりません。

　ほめ言葉のシャワーなどの取り組みを経験し、自信と安心を得ていることがベースとなり、友達に気兼ねをすることもなく、のびのびと明るく楽しく学習に取り組んでいる姿、これこそが真の自主性だと思います。

　これまでも「自らすすんで」とか「自主勉強をすすめる」などの取り組みはありましたが、ややもすれば、教師の主導のもと、例えば、「自学ノートを何cm積みました」というような、本筋から逸脱した取り組みも多く見られたのも事実です。

　菊池先生の、子どもの自主的な動きをしっかりほめて意味付けし、全体に広げていくという授業スタイルこそが、真の自主性を育てていくのでしょう。

第Ⅲ期③ (10月)
対話ステップ2

3. 規模の拡大から生まれるダイナミックな話し合い

■全体の話し合いと部分の話し合い

　大人の教師が職員室で会議をしている様子を想像してみてください。例えば、運動会の担当者が運動会の仕事内容について説明しているとしましょう。その時、全員が静かに担当者の話を聞いているでしょうか。

　おそらく、全体の話が進んでいる中でも、「あれ？私の担当はこれでいいのかな？」「これだと不都合が起きない？」などの小声の話し合いが起こっているのではないでしょうか？

　菊池学級の話し合いにおける大きな特徴は、この小さな話し合いを菊池先生自身が認めているというところにあります。

　菊池先生は、そういった全体の話し合いに関連した小さな話し合いは子どもたちの考え続ける姿勢の表れだとして、むしろ子どもたちに推奨しているのです。

　やまなしの授業においても、次のような場面がありました。

※説明している男子の向こうに小さな話し合いの場が見える！

　ある男の子が、谷川の深さについて、説明していた時に、聞いている側である子どもたちの中から、聞き取れないような大きさの小声が漏れてきていました。

| 第Ⅰ期 | 第Ⅱ期 | **第Ⅲ期** | 第Ⅳ期 | 第Ⅴ期 |

　その時です。菊池先生が、子どもたちの1つの問いを出しました。

> 　秋山君とか、佐竹さんとか鶴君のように、そこらへんで、「ワーワーなっている」ことはいいことだと思いますか？

　普通の学級ではおそらく「良くない」が正解なのではないでしょうか？しかし、前方の男子が「はい」とばかりにうなずいた瞬間、菊池先生は、次のようにまとめました。

> 　いいことですね。はい。それでは、それを3時間目にしましょう。

　菊池先生は、全体での話し合いの最中に、必然的に生じた小さな話し合いについて、子どもたちの主体的な学びととらえ、それを認めています。これは、あくまでも子どもの目線で授業を創っていく菊池先生ならではの取り組みです。
　これを図に表すと、次のようになるでしょう。

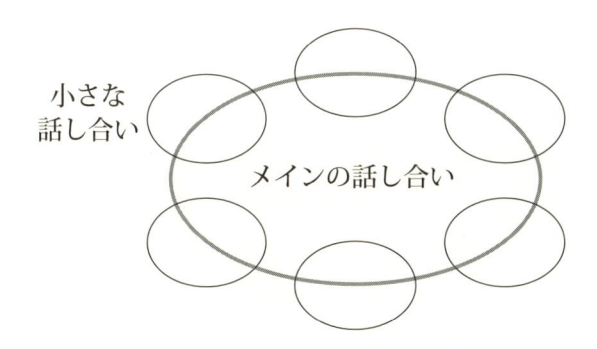

小さな
話し合い

メインの話し合い

　「小さな話し合い」とは、メインの話し合いと全く関係のない話をしているのではなく、メインの話し合いに参加するために、近くの友達と意見を交わしまとめていくのだ、というイメージです。
　これにより、メインの話し合いにより深い意見が出てくるという好循

129

第Ⅲ期③（10月）
対話ステップ2

環が生まれ、話し合いがより深まっていくのです。

■メインの話し合いは自由起立で

メインの話し合いは、個人が自由起立で次々に発言していきます。一人が発表している時点で、次に発表したい子どもたちが立ち上がって待っています。そして、お互いに譲り合いながら、次々に意見があふれ出てきます。

※一人が発表している時に既に二人待っている！

- 私は1mから2mにします。理由は、かわせみの口ばしが大きいらしいんですよ。結構。だから大きいんだったら、それなりの深さじゃないと魚を食べることができないから、深いんじゃないかなと思いました。
- ぼくは30cmから50cmに変わります。理由は、かわせみが20cm、30cm潜ると聞いたので、30cmだったらギリギリまでズボッと入って、目の前でかわせみがとっていることになるので、このお話の表現に合わないので、そうしたらもう少し深い50cmかなと思いました。
- ぼくがだいたい3mあたりにした理由は、107ページを見てください。4行目にお魚が上にのぼっていったよ、とあります。分

> かりますか？（はい）これが書いてあるってことは、魚は上下自由に、広いと言えば広いのかも知れませんが、自由に泳ぐことができる範囲だと考えられます。111ページを見てください。111ページの1行目に、かわせみだ、と書いてあります。これは、かわせみを辞書で調べた結果、口ばしの長い鳥と書いてあって、さっきI君が潜るのが20cmとか言っていたのですが、20cm位あるのだったらまず、（深さが）8cmとかいう意見は違うと思うので、僕は3mあたりにしました。

　このような形で、場を拡大して行った10分間の調べ学習を生かした発表が途切れることなく続いていきます。

■いい意味で闘争心に火をつける

　子どもたちの主張が連続して続き、一瞬途切れた時、菊池先生は次のように指示して、子どもたちの「いい意味での闘争本能」に火をつけました。

> さあ、それでは反対意見を考えましょう。

　これまで、菊池学級ではディベートの学習を通して、「人と意見を区別する」「理由に対して反論する」などのルールを身に付けています。今回のような話し合いでも、当然ディベート的にお互いの意見に反論しながら、より深い話し合いをすることができるのです。

　反対意見を作る際には、「個→グループ」というルールが生きています。活動が始まってすぐは個で考えていた子も、次第に立ち上がり、近くの友達と自由に意見交換をしながら反論を作っていきます。

第Ⅲ期③ (10月)
対話ステップ2

※反論を交流しながら作っていく！

■白熱の討論が始まる

　さて、ついに白熱の討論の時間がやってきました。菊池先生は、反論をさせる際に、「質問はありますか」という形で進めていきます。これは、まさにディベートの学習を生かそうとしている場面です。いきなり反論するのではなく、相手の意見に対して質問をした上で反論することが徹底されています。

　さらに、討論の前に、次のような話をしています。

> （最初の）二人が言ったことと、これからNさんが質問して（二人が）答えていくことと、それをずっとつないで考えて、メモしながらでもいい、考えていったら、相当力が付きますよ。考える幅が広げられる。

　討論では、意見をつなげながら進めていくこと、メモを取りながら考え続けることをおさえた上で、その結果、考える幅を広げることができるのだということを事前に伝え、見通しをもたせているのです。

第Ⅰ期 第Ⅱ期 **第Ⅲ期** 第Ⅳ期 第Ⅴ期

■細部を徹底追及する

中村さんの質問をまとめると、次のような内容でした。

> 鶴君は「お魚が上にあがっていったよ」を根拠に、谷川の深さを3mと説明したが、かわせみが20cm潜ったとしたら、1mとか1m50cmでもいいと思うですが、なぜ3mにしたのですか？

これに対して、T君の回答をまとめると、次のような内容でした。

> ぼくは、谷川ではなくて、テレビとかで海に潜っている人が3mくらいのところを潜っていて、その上を魚が泳いでいるのをみてイメージしたので、ぼくの勝手な予想ですが、1mとか1.5mとかではなくて3mにしました。

鶴君が「谷川ではなくて海」という説明をしたことから、「それはありなのか？」という疑問が子どもたちの中からわき上がり、ここから激しい討論が始まりました。

大きく次のようなことが話題となっていきました。

> ・川と海では環境が違うので、海で例えるのはおかしい。
> ・お魚が上へのぼっていったのは、かわせみに食べられたからである。
> ・お魚がかわせみを食べようとしてのぼった可能性はないとは言えない。
> ・お魚がもしもピラニアだったら可能性はある。
> ・かわせみとピラニアは住んでいる地域が違う。

次から次に意見が出されますが、子どもたちの想像が膨らみ過ぎて、本文から離れた意見を見受けられるようになってきます。しかし、菊池

第Ⅲ期③ (10月)
対話ステップ2

先生はそれをとがめることなく、笑顔で見つめています。

4. 子どもたちを信じて任せる戦略

　勢いのついた菊池学級の子どもたちは、次々に意見を出していきます。このような時、菊池先生はよほどのことがない限り、口をはさまず、子どもたちに任せてしまいます。そして任せられた子どもたちは、自由にのびのびと熱い討論を繰り広げていきます。

※ピラニアとかわせみが同じ地域に生息しているか議論！

　討論の途中で、菊池先生が確認したのは、次のことです

> ・これは限りなく絶対解に近い、納得解です。
> ・根拠を示して説明するのが重要です。立証責任があります。

　1つ目は、子どもたちから「これは納得解なのですか？」という質問があったことへの回答です。そして、2つ目は、ある子どもが、「お魚がピラニアだったら、かわせみを食べるために上へのぼっていった可能性がある」と発言した際のアドバイスです。最初の段階で確認した「理由は文章に基づく」ということを、再確認していることが分かります。

第Ⅰ期｜第Ⅱ期｜**第Ⅲ期**｜第Ⅳ期｜第Ⅴ期

この後、話が大きくずれたことに気付き始めた子どもたちは、自分たちで修正しようと試みます。
　その中でも、特に感心させられたのが次の発言です。

> あの、空気を変えてしまって、みんなに謝罪したいと思います。（討論が）盛り上がっている時に、こんな「お魚がかわせみを食べようとする変な話」を作ってしまいまして、本当にすみませんでした。

　この後、クラス全員から大きな拍手がわき起こりました。自分の間違いを素直に認めて謝ることができる。これは、ほめ言葉のシャワーなどを通して、コミュニケーションの土台を作ってきた菊池学級ならではの光景だろうと思います。
　これに対して菊池先生は、次のようにフォローしました。

> でも、5分休みに一生懸命考えたんだよな。で、気が付いたら、「そこ」に行っていたという。それがまた宮崎君らしいですね。はい、大きな拍手を!!

　一見マイナスと思えるような場面もプラスに変えていく、菊池学級の強さや優しさがあふれる授業中の一場面を見ることができました。

■もっと良い話し合いをするにはどうしたらよいか

　菊池先生は、討論の内容がずれた時も、特にそれをとがめることもなく、時折アドバイスを送るほかは、自由にさせていました。時間をかけて、子どもたちが納得いくまで討論させるという懐の広さを実感せずにはいられません。
　そして、子どもたちの話し合いが煮詰まった時を見計らって、次の指示を出しました。この指示には、菊池先生の「最後まで子どもたち自身

第Ⅲ期③ (10月)
対話ステップ2

に任せて考えさせるぞ」という思いが込められています。

> もっと良い討論にするためには、どうしたらよいでしょうか。ペアで、交流しましょう。

※真剣に反省点をペアトークする!!

そして、自由起立による発表です。
子どもたちは、自分たちの討論をどのように、見つめているのでしょうか？

- ●C01 「ぼくは3つあって、まず1つ目は、発言のつながりで、2つ目は、臨機応変で、それは、リーチをする（次の発言者がリーチをかける）時に臨機応変にしてほしいからです。3つ目は「見える化」ができればいいと思っています」
- ●菊池 「『見える化』しないとね。空中戦でわからないもんね」
- ●C02 「私は意見が硬いものばかりではなくって、誰か一人がぱっとユーモアのある意見が言える話し合いがしたいです」
- ●菊池 「なるほどね」

|第Ⅰ期|第Ⅱ期|**第Ⅲ期**|第Ⅳ期|第Ⅴ期|

> ●C03　「ぼくは、色々なところで白熱しすぎて、色々なところで個人同士のニュー討論が巻き起こるような討論がしたいです」
> ●菊池　「あ、いたるところでね」
> ●C04　「ぼくは、謝罪したんですが、おかしな意見でも、みんなが分かってくれて、時間が無駄にならない討論がしたいと思います」
> ●菊池　「潔く変われ！と。変わるべき時は。ね！」
> 以後も続く。

　子どもたちは、自分たちの討論を客観的に見つめ、自分たちで修正点を明らかにしようとしていました。
　その中でも、特に意見が集中したのが次の3点です。

> ①「何のために何を話しているのか」を常に考えよう。やはり言葉にこだわることが必要である。
> ②話し合いを混乱させないためにも、「見える化」をしていかなくてはならない。
> ③「白熱すればいい」という考え方をやめて、34人全員が意見を言えるようにしていくことが必要である。

　子どもたちの中では、全体の話し合いが一部の人で進んでしまったというところが一番の反省点だったのでしょう。「一部の人が延々と話しているのが白熱なのか」とか「話し合いがずれて行った時に、それを止めることができなかったので、サポートできればいいと思う」といった意見からもそれが分かります。
　そして、最後にある児童から名言が生まれました。

> ●C05　「最初はよかったんですけど、後ろからは、ピラニアと

第Ⅲ期③ (10月)
対話ステップ2

> かの話になって、なんでこんなの出てくるんだよ!とか思っていたんですが、白熱しすぎて、頭が混乱してしまうことがありました。だから、頭は冷静に、心は熱く、というようなことをしたいと思います」
> ●他の児童 「名言‼」
> ●菊池 「いいこと言うね」

そして、授業の最後に、菊池先生は次の指示を出しました。

> もっと良い討論にするためには、どうしたらよいでしょうか。ノートにびっちり書きましょう。

　子どもたちは、真剣な表情でノートに反省点を書き連ねていきます。見れば、箇条書きで5個以上書いている子もいます。成長ノートを通して自分を見つめ、成長につなげる土台を築いてきた子どもたちは、こうした教科学習の場面においても、反省を成長につなげていこうとする姿勢が身に付いていることを、改めて実感させられます。

■白熱の体験　対話ステップ2

　4月から3月までの1年間を見通した時、10月に実施された、やまなしの授業の「谷川の深さはどれくらいか」という討論の授業は、菊池先生の年間の戦略性を考えると、ちょうど中間地点といってよいでしょう。

　討論の白熱度でいえば、もうすでに「白熱している」といってよい時期ですが、子どもたちに白熱の討論を体験させながら、まだまだ国語の授業として大切な「理由は文章に基づく」という部分に立ち返りながら、進めていることが分かります。

　特に、ここでの授業で子どもたちから反省点として挙げられた「見える化しないとうまく説明できず、話し合いが混乱する」といったことや、

| 第Ⅰ期 | 第Ⅱ期 | 第Ⅲ期 | 第Ⅳ期 | 第Ⅴ期 |

「一部の人の討論で話し合いが進んでいる」といったことを、次の段階である

> 5月と12月はどちらが明るいか。

において、反省点を生かす方向に進んでいくのでしょう。

■結論は出ず

今回の「谷川の深さはどれくらいか」というテーマでの討論は、時間を書けても決着がつかず、次のテーマである「5月と12月はどちらが明るいか」というテーマに移りました。

これまでの従来型の授業では、子どもたちが結論を出せなかった場合、多くは教師の方から、「先生の考えはね・・・」という形で解が示させることも多くありました。しかし、今回菊池先生は、あえて解を示さず、子どもたちに「考え続ける」ことを求めています。

その結果、「5月と12月はどちらが明るいか」というテーマで討論をしている時にも、再び「谷川の深さ」が話題になったと言います。

菊池先生の言うように「谷川の深さはどれくらいか」というテーマは、いわば「絶対解に限りなく近い納得解」ということで、ある程度絞ることができるものでしょう。しかし、最後は、先生が答えを言うのではなく、最後まで子どもたちに考え続けさせるという、菊池先生の「覚悟」からは、実に多くのことを学ぶことができるでしょう。

第Ⅲ期④（10月）
対話ステップ2

白熱の体験

福岡県北九州市立大原小学校
田中聖吾

福岡県久留米市立善導寺小学校
谷川康一

■一人ひとりを白熱させる

○2学期も後半に入り、この時期ぐらいから子どもたちの今までの積み重ねの成果がたくさん出てきます。中には、積み重ねを生かしながら、グンと成長をしていく子どもも出てきます。子どもたち一人ひとりのつながりが強まり、誰に対しても仲良く接する姿が自然に見られます。お互いに認め合い、多くの子どもが安心して自分らしさを出し合える人間関係となってきます。

○授業中には、すすんで自分の考えを発言したり、友だちの発言を注意深くメモに取って自分の考えと比べて質問や賛成、反対意見を考えたりすることができるようになります。それにともない、友達と活発に意見を交わし、どんどん意見を深めたり広げたりするような姿も見られるようになっています。また、自分の考えをより良いものにしようと、授業時間以外でも友達と意見を交わしたり、教科書以外のものから参考となる資料をさがしてきたりするような子どもも出てきて、学級での話し合いが徐々に白熱するようになってきています。

○子どもたちは、このように学級全員での白熱した話し合いを体験していくことで、友達の意見や調べた資料等から、さらに自分の考えを深めていこうとするようになってきていました。ただ仲良しというだけの「群れ」で意見を考えるのではなく、「集団」の中の一人としてしっかりと考えを深め、納得のできる考えを自分一人であっても見つけ出そうとしている、芯の強い子どもが見られるようになってきます。

第Ⅰ期　第Ⅱ期　**第Ⅲ期**　第Ⅳ期　第Ⅴ期

> ### 指導のポイント
>
> 1. 話し合いのテーマを吟味し、見通しをもつ
> 2. 自分の意見をもち、話し合いの参加者となる
> 3. 小グループで話し合い、意見の質を高める
> 4. 子どもが白熱していくための言葉かけを教師が行う
> 5. 自由度を保障し、話し合いの規模を広げる
> 6. 話し合いをふり返り、これからの自分の成長に生かす

教材「やまなし」（平成26年度　光村版国語教科書6年）　5月と12月はどちらが明るいか

1. 話し合いのテーマを吟味し、見通しをもつ

　この「やまなし」では、「『五月』と『十二月』どっちが明るい世界か」というテーマで子どもたちの話し合いが続いていきます。

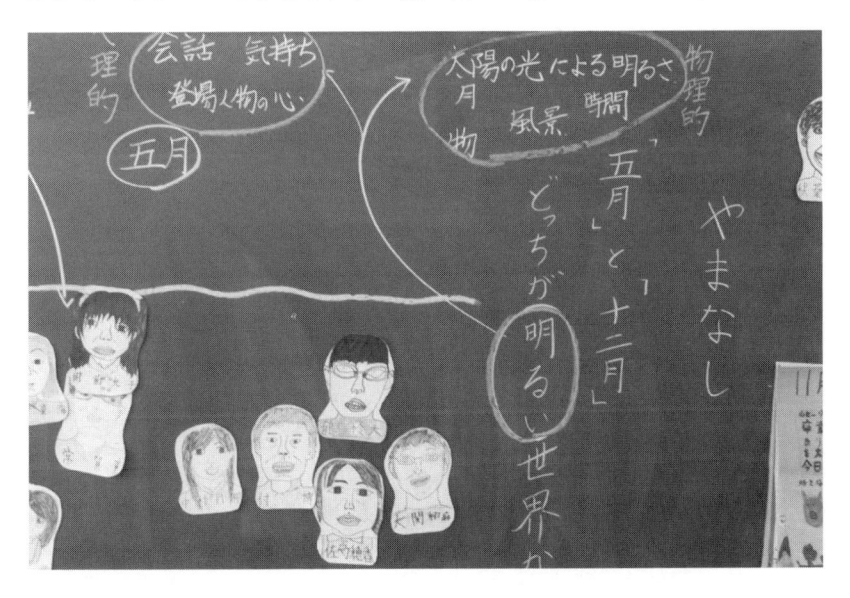

　はじめのうち、子どもたちは教科書の叙述から読み取ったこと、辞書や図鑑等で調べたこと等を参考にしながら、五月と十二月ではどちらが

141

第Ⅲ期④(10月)
対話ステップ2

明るいかについて話し合っていきます。しかし、次第に作者である宮沢賢治の考え方や生き方等をふまえての話し合いへと展開していきます。そして、最終的には「やまなし」のもつ世界観を子どもたちなりにつかんでいきます。

　一番最初、教師が子どもたちに話し合いのテーマをしめした際に次のような質問が子どもたちから出ました。

> 「先生、ここでの『明るい』は、例えばどういう明るさなんですか」
> 『どういうこと？』
> 「例えば、月光とか、黄金の網とかが明るいということなのか…かにの兄弟の気持ちが明るいということなのか」
> 『なるほど』
> 「それがわからないと…」
> 『つまり物理的な明るさか、心理的な明るさかっていうことか』

　なぜ、このような質問を子どもたちはしたのでしょうか。話し合いを進めていく上で、まず大切にしたいことは「話し合いのテーマを全員がきちんと共有している」ということです。子どもたちは、過去の話し合いの経験からテーマにある「明るい」という言葉の定義をしっかりとしておかなければ、これからの話し合いがかみ合わないかもしれないと予測したのでしょう。そこで、実際の話し合いが始まる前に「明るい」の定義をきちんとしておきたいと考えたのかもしれません。

　このように話し合いの流れをよみ、ある程度の見通しをもつことができるということは大変重要なことです。

　しかし、この時、菊池先生は「明るい」には心理的なものと物理的なものがあるという質問をとりあげ、どのようなものかは説明するのですが、あえてどちらかに絞るようなことをしていません。それは、心理的

第Ⅰ期 第Ⅱ期 **第Ⅲ期** 第Ⅳ期 第Ⅴ期

なものと物理的なものとでは、どちらがより大切なものであるかを考えるよう子どもたちに投げかけているように感じました。

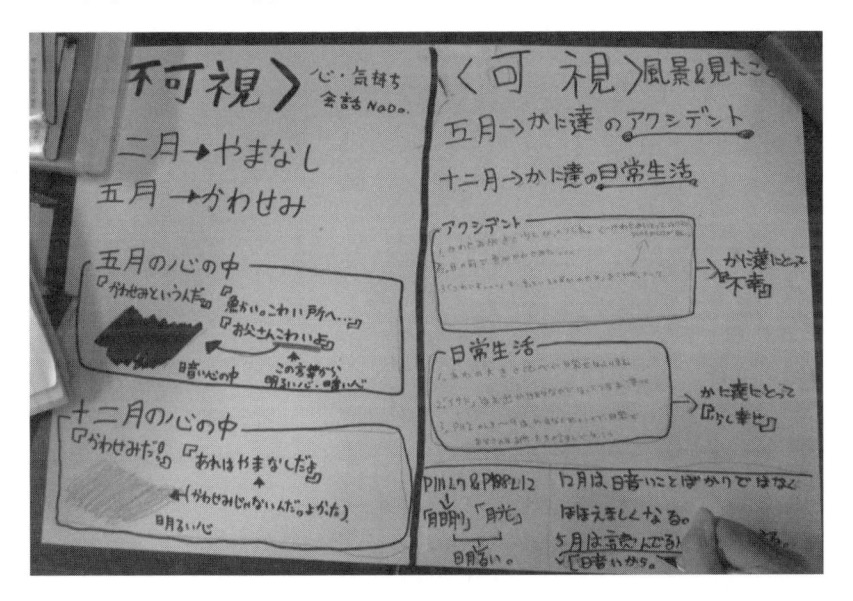

　最初に「明るい」ということを、心理的なもの（不可視）と物理的なもの（可視）とで、しっかりと定義していないため、話し合いの初めの方では両方の理由が出てきます。しかし、それらの理由に質問したり反論したりするうちに、次第と心理的なもの（不可視）の話し合いに重きがおかれるようになっていきます。

　つまり、子どもたちは話し合う過程を通して、物理的なものよりも心理的なものの方が大切であるいという考えに至り、自ずと「明るい」の定義をしっかりとみんなで共有し、話し合いがかみ合うようにしていったのです。

　話し合いのテーマをしっかりとみんなで共有することは、かみ合った話し合いを行う第一歩だと考えます。そのようなかみ合った話し合いだからこそ、子ども一人ひとりが深く考え続け、意見をどんどん進化していくことができるのだと強く感じました。

第Ⅲ期④ (10月)
対話ステップ2

2. 自分の意見をもち、話し合いの参加者となる

　話し合いをする前、子どもたちによく「出席者でなく参加者になりましょう」と言います。ただ単に座って発言もせずにいるだけの出席者でなく、どの子どももすすんで自分の考えを発言したり、友達の発言を注意深く聞いたりする参加者となってほしいからです。

　では、どのようにすると話し合いに参加者として臨むことができるのでしょうか。

　内川君は、最初、五月の方が明るいと考えています。その理由を画用紙にまとめているところに菊池先生がやって来て、次のようなやりとりをしていました。

「えっと、まだ…心理的なものと物理的なものとで二つあるじゃないですか。なので、こっちが物理的なキーワードで、こっちが心理的な言葉とか。それで両方とも…」
『それで、その上で五月のほうが明るいと言うんだね』
『この物理的なところは明るさの言葉。こっちは？』
「こっちは十二月の明るい言葉。それでこれは、この前、変わるときの意見とかで…よく…なんか…」
『物理的な明るさじゃなくて、とか？』
「5月のやつは心理的なやつで、かわせみはこわいものだから、それは暗いんじゃないかという意見がいっぱいあったんですよ。でも、この意見は、かわせみが来た時は、まだかわせみってことを知らないんですよ。かにたちは。それでお父さんに『おかしなものがきたよ』って言ったら『それはかわせみだよ』って。そこで初めておかしなものの正体を知って『お魚どこに行ったの』って聞いて『こわいところに行った』って。ここでおかしなもののこわさを知って。ということは十二月は、『黒い、丸い、大きなもの

| 第Ⅰ期 | 第Ⅱ期 | **第Ⅲ期** | 第Ⅳ期 | 第Ⅴ期 |

が天井から落ちて、ずんと沈んで、また上へ上っていきました』って書いてある」
『うん、やまなしだよね』
「それって、こういうごきですよね。この動きとかわせみの動きって似ているんですよ。でもかわせみは17センチぐらいであって、それに対してやまなしは3センチぐらいしかないんですよ。そんなちっちゃい…ちがいが大きいのにまちがえるということは、かなり恐怖心がないと、恐怖心があったらパニックになるじゃないですか。それで冷静に考えられなくなって、それで間違えたんじゃないか」
『あぁ、だから十二月のほうが恐怖心が強いと』
「知っているから、恐怖の存在を知っているから怖いんです。でも（五月の絵をさして）これは実際に分からない時に体験をしたから、こっちの怖いというのは体験をしていないんですよ。まだ怖いって分かってなかったから、こわいって分かってこわい体験をしているんじゃなくて、ただおかしなものが落ちて、また上に上がっていったという体験しかないんで。（十二月を差しながら）こっちは、正体を知っているものと似たものがきて、それでかわせみとまちがえた という」
『なるほど』
「恐怖心では十二月の方が大きい、ということです」
『はい、ありがとうございます。頑張ってください。勝てる？』
「勝てます！」
『最後にその意気込みを言葉で表したら』
「意気込みを言葉で表すと…どんな反論も恐れず、徹頭徹尾でいきたいと思います」
『徹頭徹尾ね。頑張ってください』

このようなやり取りを見ると、内川君がしっかりと自分自身の意見を

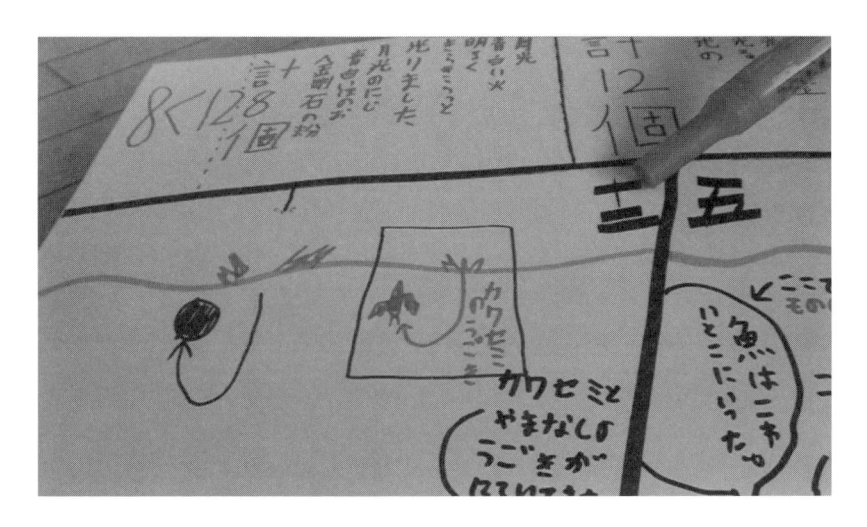

第Ⅲ期④ (10月)
対話ステップ2

 もっていること、それを積極的にみんなに主張しようとしていることが伝わってきます。

　子どもたちが話し合いにのぞむ際には、必ず自分の考えをもって参加させたいものです。

　自分自身の考えをもたずに、またはあやふやなままで話し合いに臨むと、多くの子どもは話し合いに参加せず、ただ席に座っているだけの出席者になってしまうことが多いようです。そして、ある特定の子どもだけで話し合いが進んでいくという場面をよく目にします。

　このようにならないためにも、必ず話し合いが始まる前には、子ども一人ひとりが自分の考えをもち、意見をつくるための準備時間を確保するべきです。

　そして、その際には、きちんと自分の意見を書かせることをおすすめします。子どもたちは、書くことで自分自身の考えを見直したり、整理したりすることができます。また、意見をしっかりと書いてあるということは、自分の考えを発表することが苦手な子どもであっても、比較的安心して発表することができるはずです。

　確かにクラス全体で話し合いをしていると、クラスの実態や時間的な制限などから、発言ができずに終わってしまうという子どももいるかも

しれません。

　しかし、発言ができなかったとしても、自分の意見をもって話し合いを聞いていれば、その子どもなりに自分の考えを広げたり深めたりすることができるはずです。そして、そのような子どもは、きっとこれからの話し合いで友達と意見を交わし合い、より良い考えをもつことができるのではないかと考えます。

　すべての子どもが参加者となり、白熱した話し合いにするためにも、まずは一人ひとりの子どもがしっかりと自分の考えをもち、意見をつくる準備時間を設けるようにしましょう。

3. 小グループで話し合い、意見の質を高める

　この「やまなし」の話し合いを見てみると、全体で話し合う場面と同じくらいに、小グループで話し合う場面が多く見られます。

　個人で意見をつくった後には、同じ立場同士で集まって小グループをつくり、お互いの意見交換を行っています。

第Ⅲ期④（10月）
対話ステップ2

> 「えっと、わたしたちは、こういうふうに書いたよ。こっちが不可視のことでかにの心の中の部分で、こっちが可視の部分で月光とかいろいろなことが書かれていて。あと五月は、かにたちのアクシデントが多かったよね。いきなりかわせみが来て、トラウマになったりしたから…」
> 「あぁ、十二月はやまなしだもんね。こわいもの全然ない」
> 「だから、やまなしが落ちてきた時はかわせみだと思っていたけど、やまなしって気付いてから『あっ、ほっとした』みたいな」
> 「そう、これはかわせみがいて『こわいよ』ってことから暗い。」
> 「もう、絶対勝ってやる」
> 『冬は、かわせみいないんだって。だから、それほど安心度がちがうのかもしれませんね。あっちと同じ立場だからチーム組めば？』
> （子どもたちが同じ立場と言われたグループの所に移動し始める。）

　子どもたちは、同じ立場同士で意見を発表し合う中で、さらに意見を深めていったり、新しい発見をしたりすることができたようです。そして、小グループで話し合った意見を画用紙にまとめ、次にある全体での話し合いに向けての準備をどんどん進めていました。

　同じ立場の小グループで話し合うことによって、自分の意見を改めて見直して深く理解したり、あらたな考えに気付いたりすることができます。そのように練り上げられた意見だからこそ、子どもたちは自信をもち、堂々とみんなの前であっても発表することができるのでしょう。

　また、子どもたちが小グループで自分たちの意見をつくっている時、菊池先生がそれぞれのグループをまわって話し合いに加わっています。

　これにより、教師が子どもたちの意見を事前に知ることもできます。教師がこれから行われる全体での話し合いの流れを予測して、「どのようにすればかみ合った話し合いになるのか」「活発に意見が交わされ、

第Ⅰ期 第Ⅱ期 **第Ⅲ期** 第Ⅳ期 第Ⅴ期

白熱するためにはどうすればよいのか」など、ある程度話し合いを見通すこともできるのです。

　そして、もう一つ小グループでの話し合いが行われている場面があります。それは、全体での話し合いの場面です。

　今までは、全体で話し合っている時には発表者の話を最後まで静かに聞くということがルールとしてあったようです。しかし、今回の「やまなし」の話し合いでは、全体で話し合っている途中でも、近くの友達と一緒に小グループをつくって話し合うことを菊池先生は認めています。

　もちろん「今は話を聞こう」「ちょっと静かにしてね」などと子どもたちに声かけをする場面もありますが、多くの全体での話し合いの場面で小グループの話し合いを認めています。

　この小グループでの話し合いを教師が認めていることで、全体の話し合いで気になるところが出た時には、その場でグループの友達と話をして、意見を交わすことができるようになってきました。また、全体で発表している時に少し疑問が生まれた時には、小グループに戻って話し

149

第Ⅲ期④（10月）
対話ステップ2

合うことで自分自身の意見を確かめている様子も見られました。
　確かに、このような全体的にざわざわした感じの話し合いに違和感をおぼえる方もいるのではないかと思います。
　しかし、このような小グループでの話し合いを教師が認めることにより、子どもたちはより積極的に自分の意見と友達の意見とのちがいについて考え、そして自分自身の意見の質を高めることができるはずです。また、誰かが発表している時にはみんな聞くという話し合いでは、どうしても受け身がちな子どもも出てしまいます。しかし、気になることがあったらすぐに近くの友達と小グループになって話し合ってよいということを教師が認めることで、そのような受け身がちな子どもはみるみる減ってきます。そして、教室のあちらこちらで、同時進行で子どもたちの話し合いが進んでいくようになります。
　菊池先生が「話し合いにはメインとサブができる」ということを言っていました。メインの話し合いに対して、小グループのサブの話し合いが同時進行されているというのです。
　このような子どもたちの自主的な動きは、教師が全体で話し合っている時に小グループの話し合いを認めたからといって、なかなか出てくるものではありません。子ども自身が真剣により良いものを求めて考え続けようという強い気持ちがあるからこそその動きなのでしょう。そして、そのような気持ちをもった子どもたちだからこそ、教室が白熱してくるのでしょう。

4. 子どもが白熱していく上での言葉かけを教師が行う

　2学期のこの時期は、これまで指導し続けてきたことが個々に多かれ少なかれ出てき始め、子どもたちの成長が加速する時期です。教師は、この状況までに成長していることを認め、さらに成長を加速させるための言葉かけをすかさずしていくべきです。

ものの本によると、理想の話し合いとは、「教師は子どもたちの視界から外れ、子どもたちだけで考え、話し合い、考えを深めていくこと」とも言われます。しかし、「子どもたちだけで」となると、見た目の白熱はあったとしても、議論が伸びず、逸脱してしまいがちです。中には教師が「んっ？」と感じるような子どもたちの言動もあるかもしれません。そこで大切なことは、教師の言葉かけです。考え続ける人間へ成長を加速させる時期だからこそ、教室中にプラスの雰囲気をつくるような言葉かけや議論がかみ合うようにフォローするファシリテーター的な言葉かけをします。そのことが、さらなる白熱した話し合いを促します。

①一人ひとりを白熱させるための促進的な言葉かけを行う

　白熱する話し合いには、教師の促進的な言葉かけが必要です。例えば意見をつくる段階で、時間が経つにつれて、集中が切れ、思考が止まってしまいがちになる時があります。
　その際、菊池先生は次のような言葉かけを行っています。

第Ⅲ期④ (10月)
対話ステップ2

※『　　』が菊池先生の言葉かけ。

『もう12月なんて、どうしようもないと言って…』
「恐れずに足らないですね」
『いやいや、そう言っているんだ。もう12月なんて相手にならないと言っているんだよ』
「エー、頑張ろう！」
「5月のほうが12月の相手にならないよ」5月のところへ行って、「頑張るぞ。オー‼」
『12月が、もう5月なんてすぐにつぶれるって言ってるよ』
「12月なんて簡単だよねー」
『いやいや、本当。あれは理由とは言えないって』
「じゃあ、12月なんてありえないよねー」
「うちは、みんなが言える理由です」
『絶対何人かしか言わないはずだから、すぐ何人かつぶしたらつぶれるって』
「先生、それうそですよね」
『うそじゃありません。いや本当本当』
『じゃあ、頑張れ』

　このように、菊池先生はユーモアをまじえて子どもたちの闘争心を煽ります。根拠の量を増やし、意見の質を高めようとしてもなかなか高まらない時に、促進的な言葉かけを行い、子どもたちの思考をより大きく動かそうとすることが見えてきます。これは、白熱した話し合いに挑むことを楽しませる上での言葉かけだととらえました。
　また、「5月」と「12月」のそれぞれの主張づくりにおいて、質問を受ける場面があります。主張が強い子ほど、相手の主張に対して質問をしようとします。そのような人からの質問だけではなく、様々な角度からも思考することができるように、菊池先生は多くの子どもたちから関連した質問を拾います。

| 第Ⅰ期 | 第Ⅱ期 | **第Ⅲ期** | 第Ⅳ期 | 第Ⅴ期 |

「12月は兄弟で、あわの大きさについてけんかをしている場面があると思います。それでお父さんにも『お兄さんの方が大きいよ』と言われて、立場的にお父さんとお兄さんが一緒になって、弟が1人の立場になりました。そして弟は泣きそうになりましたよね。たとえ泣きそうということでも、その場の空気は明るくはないと思います。その泣きそうなんで。でも一方5月の場面でP102から『クラムボンは笑ったよ』とか、そういう話題がありますよね。そしたら前回、交互にお兄ちゃんと弟が言うというのがあったじゃないですか。交互に言うぐらいお兄ちゃんと弟は意気投合していました。それとけんかを5月の時にはしていないので、12月よりも明るいと言えます」
「はい、いいですか」
『ちょっと待って。いつも同じ人だから、ちがう人いませんか…、はい、じゃあ田口さん』
「お父さんに言われて泣きそうになったと書いてあるんですけど、5月には笑ったよって書いてある。それは最初のページじゃないですか。104ページを見ると、『クラムボンは死んだよ、殺されたよ』って言っているじゃないですか。それのどこが悲しくないんですか。どこが明るいんですか」
「それは、言葉遣いは悪いかもしれないけど、弟と兄は同じ話がかみ合うくらいに意気投合、仲良くなっているという感じじゃないですか。たとえ言葉遣いが悪くても心理的には楽しいというか、明るいと思います。明るいです」
『とてもいい質問だった。1か所だけじゃないかと。ほかが多いじゃないかと。でも多いのは意気投合しているって今言ったわけだよね。なるほど。今、かみ合ったかみ合った。えーでは山口さんに聞いてみよう』
「今の田口さんの質問につなげるんですけど、言葉遣いが悪いと

第Ⅲ期④（10月）
対話ステップ2

いうことを言っていて、でも、『亡くなりましたよ』みたいにしても悲しい感じはあるんじゃないですか」
『なるほど。殺されたという言葉があるから、言葉遣いとは別にあるんじゃないか…。質問？　端的にね』
「さっき12月にけんかがあると言っていましたが、5月にもここにクラムボンが死んだよとか暗い言葉があるんですけど、それはどうなるんですか」
『それは意気投合でなくて、暗い言葉と共にけんかみたいな感じがするというわけ。なるほど。それに関連した…はい魚住さん』
「先生、今の質問に答えなくていいんですか」
『今、似たような質問が続くから、まとめて答えてください』
「ちょっと離れてしまうかもしれないけど、いいですか。そもそもなんだけど佐竹さんの言うけんかの定義というものは何なんですか。兄弟のいる私からすれば、こんなの全然けんかじゃないというか、ただのじゃれ合いというか…」
『なるほど。ここキーワードです。けんかなのかじゃれ合いなのか』
「そうなんです。私からすれば、ただのほほえましい光景なんです」
『なるほど、なるほど。ちょっと聞いてみよう。ここは、ここでやるから。いい』
「今のと全然ちがう話かもしれないんだけど、さっき意気投合しているって言ってたじゃないですか。仲がいいってことを言っていたんですけど、それってその時の一時的なものなんですか。兄弟っていつも仲がいいわけじゃないですか。いつも一緒にいるから、そして佐竹さんはそのことに対して意気投合しているって言ったじゃないですか……」
『なるほど』
「あとでまとめて返してもいいですか」

　これまでの話し合いを通じて、意見には必ず質問や反論が返ってくる

ことを子どもたちは学習しています。その学習を通じて、相手はどんな質問や反論をしてくるのかと「先」を読み、強い主張へとつながっていきます。あちらこちらで質の高いやりとりが繰り広げられていました。

また、菊池先生のこの言葉かけは、質問に答えるのであれば、一問一答という方法をとらなくてもいいことを教えています。それに加えて、『端的に』という言葉からもわかるように、スピード感を意識した話し合いを促していることを感じます。

②論がかみ合うようにするための言葉かけ

家に帰り、家庭で父親から「生き物にとって一番大切なことは笑うということだ」という会話をしたことから意見の証明をしていた子がいます。その子に対して菊池先生は次のような言葉かけをしています。

> 『ちょっと待ってね。お父さんが言ったと。だから財前さんのお父さんがと言おうとしているわけだよね。でも、財前さんのお父さんがその道のめちゃめちゃ詳しい人だったら、お父さんの言うことの信ぴょう性と言うんだけど、意見としての証明が強くなるよね。今、それを言おうとしたのかもしれないので、ちょっと先に聞きます』
> 「あんまりそういうことは、お父さんは詳しくないんですけど、こういうことだけヒントに教えてくれました」
> 『ということね』
> 「ヒントっていっても、財前さんのお父さんが言ったことは、本山さんが財前さんに言うのと同じじゃないですか」
> 「いや、私たちは親子じゃないです」
> 『そうそう。だから同じくらいに専門性はないじゃないですかって言い方をすれば、同じですよねってことが納得できる。それは議論の面白いところだ。はい、他の質問』

155

第Ⅲ期④（10月）
対話ステップ2

　菊池学級には「人と意見を区別する」という価値語があります。これが なければ、「親（大人）が言ったことだから、その通りだよね」という 流れになってしまい、自分たちで調べたことや考えを作ってきたこと が生かされません。

　また、互いの主張をし合っている子どもたちに対して、菊池先生は次のような言葉をかけています。

> 『今、お互いに準備してないんだから、尋ねているだけね。もしかしたら今後言われるかもしれませんよ、というわけね。いい？そこ』

　この言葉かけは、議論を噛み合わせるためにはさらなる準備が大切だということを菊池先生は伝えています。菊池先生は、その不足した根拠を補わせるために時間を与え、考えを深めるように促しています。

　板書には「見える化」と「複数の根拠」と提示しました。複数の根拠には帰納法を示し、論理的に述べるための指導をしています。

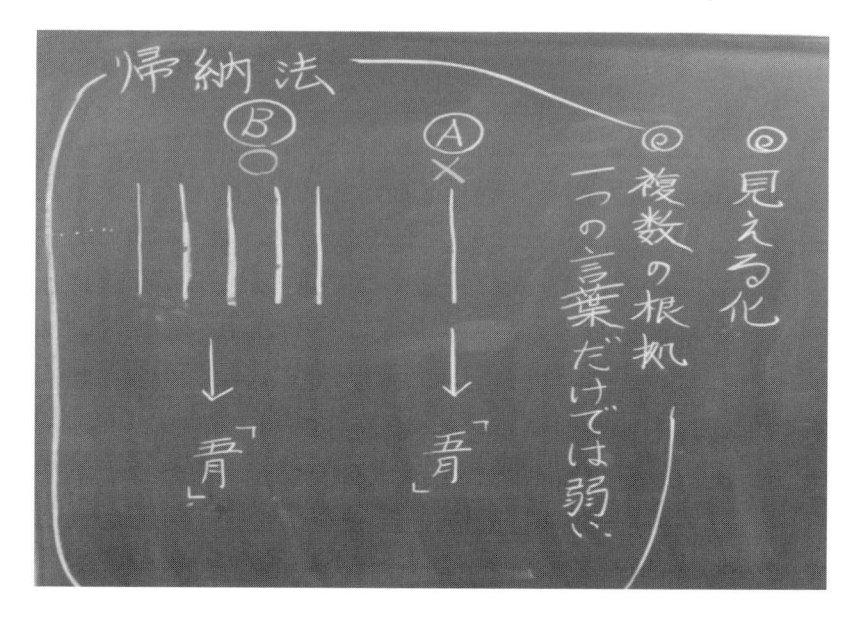

教師が「ほら、あなたの準備がたりなかったからでしょ」などと、突発的に指導したとしても、何も生産性のある話し合いは生まれません。
　このような指導が、後の個人の白熱を促す上で重要だと考えました。

　また、話し合いは納得解を見つけていくものですから、納得ができない友達に対して、納得するように別の言葉で例えるようになります。しかし、それでも納得できない子どももいます。だから、子どもたちは再度自分の考えを見つめ直したり別の例えを考えたりします。
　以下は「12月」の主張に対する質問の一部です。

> 「質問なんですけど、ほっこりってどういう意味ですか」
> 『いい質問だ』
> 「ほっこりっていうのは、心が…なんか落ち着くじゃないですか。家族感のふわふわした感じの」
> 「私は、ほっこりという意味が分からないので」
> 「じゃあ、あなたにとってのほっこりとは、どういう意味ですか」
> 「ほっこりという意味は今聞きました。あんまり聞いたことがありません」
> 「だから今説明してるじゃないですか」
> 「どういう意味ですか」
> 「だから安心感…ほっとしたということと同じ感じ…日常の平和世界みたいな感じです。何もなくて。アクシデントを言葉で例えると、なんかさばさばした感じの言葉じゃないですか。どちらかというと」
> 「まぁ」
> 「そしたら日常生活というのはアクシデントと全然ちがって平和な世界じゃないですか。分かります。そしたら平和な世界を言葉で例えるとしたら、ほっこりと例えますよと私たちは言ったんです」

第Ⅲ期④ (10月)
対話ステップ2

> 「それと明るいがどう関係するのですか」
> 『いい意味のわからずやでいい』

『いい意味のわからずや』という言葉の中には、本当に納得がいくまで、簡単に理解したふりをしてはいけないということを伝えています。そうすることで、相手が言葉を選び、具体例を探りながら議論をすることができるのだと考えました。

③ユーモラスな言葉かけ

話し合いが白熱してくると、自分の意見を押し通そうとして、むきになってしまう子どもも出てきます。険しい顔で話す子どもは、余裕がなく、相手や場を読めなくなってしまいます。そういう時、菊池先生は、

> 『笑顔ね、笑顔。』『スマイル、スマイル！』

と子どもたちに言葉をかけています。そうすると、教室中にも笑顔が広がります。笑顔が広がることは、より良い人間関係をつくる上でも大

切です。笑顔になり、心を落ち着かせると、子どもたちは俯瞰的になり、白熱した話し合いをしていた自分に気付き、楽しさを感じることができると捉えました。実際に笑顔がある話し合いには、自分の考えを聞いてもらえるという安心感があり、議論が活発になっていました。

　また、直接的に笑顔を求める言葉かけをするだけでなく、ユーモアを交え、白熱した子どもたちの場を和ませる時もあります。
　以下は、主張作りをしている時の一部です。

「そうそう。後ね、私が思ったのは、このかにたちは『おかしなものが来た』って言ったよね。それで漂っていたお魚さんが上に行って『お魚は怖いところに行った』って言われたよね。それでお魚をとる怖いやつ、落ちてくるやつは怖いやつって思っているやん。それで、こっちに来て、やまなしだったんだけど『かわせみ来た』って思ってすごい怖がっているよね。だけどさ、『それはかわせみじゃなくて、やまなしだよ』ってお父さんが言ったでしょう。それでお父さんが『追いかけてみよう』と言って、お酒ができるということを知ったでしょう。それで怖いかわせみじゃなくて安心っていうか…」
「ちょっと待って。おれが言いたいのは、怖いって思っているのが長いとか短いとかじゃなくて、恐怖心が高いか低いかを言っている」
「その一瞬だけだったら、はるかに12月の方が怖いけど、最終的にハッピーエンドなわけじゃん。お酒ができたかどうかは、まだわかってないけど…」
『ああ、お酒ね。お酒は重要よ。お酒は重要に決まっているじゃん』

159

第Ⅲ期④（10月）
対話ステップ2

「菊池先生はお酒が好きだからね…」とそのグループの中で笑いが起きました。菊池先生と学級の子どもたちのほんわかとした関係性が表れています。ブレーキの「あそび」の部分のように、緩やかさも大切にしています。

さらに、白熱した話し合いに拍車をかけるために、伝え方に対するユーモラスな指導も入れます。

12月の主張に対する質問反論です。

「川上君の意見に反論なんですけど、つぶつぶ暗い泡が流れていきますのあとに『クラムボンは笑っていたよ』っていう明るい会話文が3回続いていて、その後にも同じようにつぶつぶ泡が流れていきますって書いていて、その泡が水銀のように光っているという明るい言葉がたくさんあるんですけど、一部分だけで暗いと考えるのはおかしいと思います」
『おかしいです！』
「おかしいです」
『私の意見を認めますね』
「私の意見を認めますね」
『はいかいいえで答えてください』
「はいかいいえで答えてください」
………
『認めますね』
「認めますね」
『時間がないので手短に応えてください』
「時間がないので手短に応えてください」
『応えられませんね。もう結構です』
「応えられませんね。もう結構です」大きな拍手が起こる
『あなたも拍手をするくらい潔いのいいけど、いいえっていわな

| 第Ⅰ期 | 第Ⅱ期 | **第Ⅲ期** | 第Ⅳ期 | 第Ⅴ期 |

> いと。いいえって』

　菊池先生は、言い切ることで自分の考えがはっきりし、意見に責任をもつことができると言います。そうすることで、相手もそのことについて考え続け、反論しようとすることができます。

　以下のような指導もあります。

> 「中村さんにつけ足しになるんですけど、先程、中村さんが言ったように『青く暗く鋼のように』など『つぶつぶ暗い』などの一部分だけで言っているんですけど、ほかにも『水銀のように光ってや104ページの『にわかにぱっと明るくなり日光の黄金は』って書いているし、それに加えて106ページの10行目あたりに『光の網はゆらゆらゆれ』って書いてあるんです。これは文章の量的にも、ぼくが言った明るいというところの方が多いので、暗いよりも明るい印象が多いので5月の方が明るいとなりますけど、それはどう思いますか。認めますか、ぼくの意見は。…認めますね」
> 『反論がありませんね』
> 「反論がありませんね」
> 『はいかいいえで応えてください』
> 「はいかいいえで応えてください」
> （まわりの子）「いいえ、いいえ」
> 『応えられませんね』
> 「応えられませんね」まわりの子「いいえ！いいえ！」
> 『だったら5月に移動してください』
> 「だったら5月に移動してください」
> 「今、いいえって言ったよ」
> 「なぜですか」
> 「ちょっと…」

第Ⅲ期④（10月）
対話ステップ2

> 『すぐに応えられないということは事前の準備が不十分ということですね』
> 「すぐに応えられないということは事前の準備が不十分ということですね」
> 「12月の人もフォローできる人はいないんですか。みなさんに聞きます」
> 『できないんだったら5月に移動してください』
> 「できないんだったら5月に移動してください」
> 『12月の人の根拠は、そんなに弱かったんですか』
> 「はははは、12月の人の根拠はそんなに弱かったんですか」
> 「早く応えて」
> 「だめ。終わらしちゃダメ」
> 『限られた時間の中でやっているんです。もう少しスピードを上げてください』
> 「限られた時間の中でやっているんです。もう少しスピードを…」

　このように、ディベート的なやりとりを意識させた言い方が思考の回転をさらに加速させます。教室の子どもたちは和やかな雰囲気の中、考え続けたり論を述べたりしていました。

④ダメなものはダメだと教える指導的な言葉かけ

　立証に対する質問や反論をされた時に、むっとした表情をしたり挑発的な態度をとってしまったりする子がいます。根拠を探ろうとせず、一緒にいる友達と目を合わせて話し合いから逃げようとする子もいます。

> 『そういうのは良くない』

　考え続けるための行動から逸れるような言動に対し、菊池先生はすかさず指導を入れます。「わからん」「しらん」「できん」というバカの3

拍子に代表されるような姿勢では思考が止まり、白熱した話し合いにならず、議論も噛み合わなくなってきます。一人ひとりの子どもたちを考え続けさせるために、そのような態度を菊池先生は見逃さず、適宜指導を入れていました。

⑤一人ひとりの子どもを白熱させるための言葉かけ

互いの主張に対して反論を受け、作戦タイムに移った時のことです。菊池先生はこのような言葉かけをあるグループに行いました。

『だから、全体を見たら、お互いが教科書以外をもとにやり始めてるんだから、相手だけを攻撃すると自分の首を絞めてしまうかもしれないということよね。だから、それは、小さな議論を見るのか、全体を見るのかという…いい勉強よね。全体を見るのか、今そこでという小さいところを見るのか、ということよね。ただ、この話は、もうそこに行かないと、この教科書も、変な言い方だけど、これ（イーハトーブの夢）を付け加えているわけじゃん。この資料を。つまり、宮沢賢治の生き方や考え方みたいなものも知らないと、この話がああだこうだと言えないくらいに深みに入っているということだ。だから、これはとてもいいことだと思う。議論がぶつかったから、そういったことが必要だということに気が付き始めたということ。さあ、がんばりましょう』

その言葉を受けた子どもたちは、自分の中で考え続けているような表情でした。菊池学級の価値語にある「沈黙の美しさ」を感じました。菊池先生は、考え続ける人間を育てるために「話し合いの規模の拡大」「個人内での白熱」を、言葉かけを通じて教えているのです。

第Ⅲ期④ (10月)
対話ステップ2

5. 自由度を保障し、話し合いの規模を広げる

　今回の「やまなし」の話し合いで特筆すべきは、子どもたちの話し合いの規模がどんどん広がっていくということです。今までの話し合いにおいても規模の広がりは見られましたが、今回の「やまなし」の話し合いでは子どもたちの自主的な動きが大変多く見られるようになっていきました。

　子どもたちは、授業時間だけでなく、様々な時間を使って五月と十二月のどちらが明るい世界なのかを考え続けていきます。朝休みの時間を使って、友達と家で考えてきたことを話し合っている様子です。

> 「あわくらべは、トシと賢治をイメージして書いた。あわくらべは、ケンジとトシがちっちゃい頃にしょうもないことでけんかしたってことで、たぶんここでケンジの思い出を書いていて」
> 「あぁ」
> 『十二月は？』
> 「はい」
> 「確かになんか思い出のあるもの」

『幼い頃の？』
「はい」
「はいはい、やまなしがとしが一番正しい。だって２日ばかりたつと酒になるって新しい…」
「新しい姿になるってことだから、もう一回トシは生まれかわってくるみたいな。クラムボンもトシって十二月はなっているよね」
「合うね。そしたら全部のつじつまが」
「やまなしもトシやろ」
「かには？何を表す？」
「かには、私が思うには、宮沢賢治とその妹トシのことかなあって」
「トシ！」

「トシ、三つになるんだけど…」
「わかった。かにのお兄ちゃんと弟かね、昔の宮沢賢治とトシをあらわしてるみたいな」
「おれもそう書いてたけど、二人のことと思うけど」
「だから、それだけ妹トシのことを出したかった、伝えたかったんだよ。宮沢賢治は」
「やまなしができたのは何年かね？」
「1923年って書いたある」
「そして22年にトシがなくなった」
「うん、1年前」
「そして、1年後にやまなしを書いた」
「十二月を書いたのが立ち直って書いた。五月を書いていて死んだから、十二月を書いているときに宮沢賢治が立ち直って十二月を書いた」
「やまなし書いたのは1921年？」
「1923年にやまなしができたというか」

165

第Ⅲ期④（10月）
対話ステップ2

> 「五月が先にできて、十二月が後にできた」
> 「1923年にやまなしが本になりましたって登録されたやん。本になりましたって」
> 「そしたら、だいぶ前から書いてたの。立ち直ったということは」
> 「さすがに、それはおいつかないだろう」
> 「でも死んだ後、さすがに１年はかかるんじゃない」
> 「ちょうど五月が終わって死ぬ？五月を先に書いてトシが死ぬんやろ。ひなたちがいうのはね。五月がちょうどで書き終わって死ぬ？」
> 「そしたら十二月の『クラムボンは死んだよ。殺されたよ』はトシのことじゃないってなる」
> 「立ち直って十二月か」
> 「分からんね、この世界…」
> ………

　話し合いの授業時間以外でも、子どもたちの動きはどんどん活発になっていきます。その他にも、給食準備時間で意見を確かめ合ったり、下校してから再度ファミリーレストランで集まって次の話し合いの準備をしたりするなど、授業時間以外でも話し合いを続けている子どもが次第に多く見られるようになってきます。

　また、「やまなし」という教材だけでおさまらず、辞書、事典、お家の方へのインタビュー、インターネットや参考文献等も使って自分の意見をより確かなものにしようとしている姿も増えていきます。

> 「これは、人間の実在の感情でしょ。でも、イーハトーブの、架空の世界のかにの気持ちかどうか分かならいでしょ」
> 「そうだけど…知っているのは宮沢賢治一人だけだから、別に俺たちが考えても意味がないのかもしれない」
> 「かにたちの話は怖い。それは、実在の人間の感情だろ。でも、

> かにたちの話が怖いかどうか分からないやろ。死んだって言っても、誰かのために死んだって言うなら、まだ分からんやろ。それに、これが（死んだよ。殺されたよ。死んでしまったよ）は悲しいかどうか、まだ分からんやろ。その証拠を出してくれないと」
> 「じゃあ、俺たちが証拠出さなかったらどうする」
> 『架空だから信用できないという主張の根拠はあるわけ』
> 「どういうことですか」
> 『架空だという。架空は信用できないという』
> 「架空ということは、実際の世界の常識とは全然ちがうという可能性もあるじゃないですか。しかもかにが主人公で、かにが話をしているわけですよ。それで、かにが死んだというのは怖いのかどうか。それとイーハトーブの世界の生き物たちが本当にその言葉が怖いと思っているのか、どうかが、まだ立証されていないから…」
> 「イーハトーブロマン」（本を見せる）
> 「どこにあった」
> 「図書室。さっき借りてきた」
> 『出てきたぞ！』（本を開いて食い入るように見る）
> 「でも、これやまなしのってなかった」
> 『ただし、宮沢賢治の世界としてはおもしろいよね』
> 「イーハトーブに生きるもの…」

　今回の「やまなし」では、子どもたちが話し合いの規模を広げていこうとする様子が随所に見られます。「授業時間」「教科書」という枠をとび越え、子どもたちは話し合いの規模を広げながら、主体的に考え続けていくのです。そして、菊池先生も規模の広がりを認めたり、ほめたりしながら、良い動きがどんどん学級に広がるようにしています。
　このように主体的な子どもたちの動きを教師がしっかりと認め、自由な動きを保障してあげることで、子どもたちも話し合いの規模を大きく

第Ⅲ期④ (10月)
対話ステップ2

拡大していくことができたのではないかと感じました。

　このような規模の拡大に伴い、教室での話し合いもより白熱していくように感じました。
　全体のメインの話し合いでは、お互いの主張に対して、途切れることなく質問や反論が熱く繰り広げられます。その傍らでは、小グループによるサブの話し合いが続いています。
　そしてメインとサブの話し合いが同時進行し、白熱した全体での話し合いが進む中、そのメインとサブのどちらの話し合いにも入らずに一人深く考えこんでいるような子どもが出てきました。
「白熱する話し合い」と聞くと、参加している全員で意見を出し合い、熱くぶつけ合うような話し合いを想像するかと思います。しかし、一人であっても真剣に様々な意見と向き合い、自分自身と対話をしながら考えをより深めていくことも「白熱する話し合い」ではないかと私は考えます。
　このような子どもは、傍から見た感じでは、何もせず、もしかしたら考えていないような印象を受けるかもしれません。しかし、自分の中で

対話を繰り返し、本当に納得できるものを考え続けることのできる子どもこそが、次第に全体での話し合いでもみんなを納得させるような意見を出したり、おかしい意見に対してしっかりと反論をしたりすることができるようになるはずです。
　このような自分一人であってもより良いものを求めて考え続けていくような子どもたちが話し合うからこそ、本当の「白熱する話し合い」になるのではないかと考えます。
　子どもたちが「ムリ」「意味わからん」などの言葉を口にして、簡単に考えることを止めてしまうという姿をよく目にします。確かに、考えることを止めてしまうのは楽です。しかし、考え続けなくなった人間に成長はありません。ある時には今までの自分を否定しながら、さらなる新しい自分について考えていかなければならない時もあります。そのような時、自分自身で広く、そして深く考えることのできる人間こそがこれから未来に向かって大きく成長をしていくことができるのでしょう。

　話し合いが終盤に差し掛かった時、五月の方が明るいと言っていた内川君が急に十二月に立場を変えます。立場を変える日の朝、登校した内川君は、次のような話を菊池先生としていました。

「先生」
『何でしょう』
「ぼくは五月から十二月に変わりたいと思います」
『はい』
「みんなは、かにたちの目線とか、かわせみとかやまなしの目線とかで、物語の中で登場するものだけに目を付けていたんですけど、ぼくは新しく宮沢賢治さんの心の中に入ってみました。その理由はインターネットで調べたものです。まず五月のマイナスイメージをつくるものが、魚とかわせみなんですよ。魚やかわせみは他の生物をエサとして、他の生物たちの命をとって生きていく。

第Ⅲ期④（10月）
対話ステップ2

> 五月は、まさにそのことを表している意味段落であり、川の底の食物連鎖を表している、と書いていて。なぜ五月にそのようなことを書いたのかというと、五月を書いた時にトシが、妹さんが亡くなったんですよ。で…あの…」
> 『分かった、分かった。授業の時に、言ってほしいんだけど、そのインターネットが信ぴょう性が足りませんって言われたらどうする』
> 「どういうことですか」
> 『だから、インターネットだからあまり信用できませんという反対意見がでたら』
> 「それだったら、五月のただ単に『自分たちの解釈のちがいです』とかいう解釈で考えたよりも、インターネットで調べたことの方が信ぴょう性が高いはずです」
> 『なるほど、頑張ってください』
> 「はい」

また、休み時間、内川君は、立場を変えると知った友達と次のような話をしています。

> 『十二月に行ってしまいました』
> 「とても悲しいです。それに今一番傷付いているのが、岡田君が内川君の代わりに意見を言っていたのを、内川君がつぶしたんですよ。その意見を。ちょっとは仲間だからということを、うっちーだったら考えてくれてると思ったのに、つぶしたところは本当に悲しいです」
> 「討論だからね」
> 「じゃあ、何で変わったんですか」
> 「意見があったから」
> 「その意見って何だったんですか」

| 第Ⅰ期 | 第Ⅱ期 | **第Ⅲ期** | 第Ⅳ期 | 第Ⅴ期 |

> 「まあ、国語の時間に話しますよ」
> 『だ、そうだそうです』

　内川君は、今回の「やまなし」の話し合いにおいて、終始積極的に話し合いに参加していました。それだけでなく、休み時間や給食の準備時間も使って考え続けていました。図書室で参考文献を探して読んだり、家に帰ってインターネットで調べたりしていました。全体の場だけでなく、個人でも考え続け、どんどん話し合いの規模を拡大させていった子どもの一人です。

　最終的に十二月の方が明るいという立場に変わり、その理由を話す内川君の姿は本当に堂々としていて、自信に満ちあふれているように見えました。きっと、自分の考えを広げ、深め、白熱し、そして一番納得のできる考えをもつことができたからでしょう。

　自分を成長させ続ける姿は、本当に美しいと感じました。

6. 話し合いを振り返り、これからの自分の成長に生かす

　話し合いが終わりに差し掛かろうとしていた時、菊池先生は子どもたちに今までの話し合いを振り返ることをさせます。

　今回の「やまなし」の話し合いから、「なぜ6年1組は白熱するのか」というテーマで黒板に子どもたちの振り返りを書かせていきました。

　黒板がみるみる子どもたちの書いたもので埋め尽くされていきます。子どもたちの振り返りが隙間なくびっしりと書かれた黒板は、さながら「白い黒板」のようです。

　黒板に書かれているものを一部紹介するとともに、それについての私の感想をまとめます。

第Ⅲ期④ (10月)
対話ステップ2

① 最後に笑顔で言うから

　子ども同士の話し合いでは、ついヒートアップしてしまい、最後にけんかになってしまうということを聞くことがあります。確かにけんかになるくらい話し合いが盛り上がることはある意味良いことかもしれませんが…やはりいかがなものかと感じます。

　子どもであっても、話し合いでは話の意味と同時に自分自身の感情も相手に伝えているということを知っておくべきです。笑顔で意見を伝えることにより、良い雰囲気で話し合いが進んでいくようになります。そして、そのような話し合いだからこそ、どの子どもも安心して自分の意見を発言できるのだろうと考えます。教師は、話す声や内容等だけでなく、子ども同士のコミュニケーションをより円滑にする上でも、非言語の部分も意識しながら子どもたちに指導していかなければいけません。

② 一人ひとりの意見がちがうから

　　クラスのみんなで揃えるということは大切なことです。しかし、教師の揃える意識があまりに強すぎると、子どもたちは揃っていないものを嫌ったり排除したりするようになります。この世の中に自分とまったく同じ人間はいないのです。だからこそ、すべてを揃えるということはかなり難しいことであると感じます。それよりも、教師は、お互いがちがうという意識をもち、子ども一人ひとりのちがいを生かすことを心がけるべきです。ちがうからこそお互いに考えを深めることができます。ちがうからこそ、お互いに相手のことを知ろうと心を動かすことができます。

　　話し合いで、友達と意見が違うことが当たり前と感じることのできる子どもに育てていきたいものです。

第Ⅲ期④（10月）
対話ステップ2

③ 白熱する意味を大事にしているから

　白熱した話し合いをするためには、まずは子どもたちが白熱するということはどのようなものかをイメージし、そして実際に経験していかないといけません。そのような白熱した話し合いの経験を通してこそ、子どもたちは様々なことを学び、成長することができるのだと考えます。

　話し合いの力は、やり方を知っているだけではなかなかのびていきません。実際に白熱した話し合いを経験し、そこからえられるものの積み重ねにより、少しずつ高まっていくものなのでしょう。そして、子どもたちの話し合いの力が高まるにつれ、子ども自身が白熱した話し合いが成長するためには大事なことであると気付いてくるでしょう。

④ 考え続けたいから

　白熱した話し合いから得られた経験は、きっと普段の生活や他教科の学習にも生かされていくはずです。もちろん子どもたちが小学校卒業し、中学校、高等学校、その先の未来でもより良いものを求めて考え続けていくことは非常に大切なことです。

　自分自身を成長させ続け、最新学歴を常に更新し続ける人間へと、子どもたちを育てていきたいものです。そのために、目の前の子どもたちの姿を真摯に受け止め、教師も考え続けていかなければならいのです。

　そして最後に、この「白い黒板」を見て、感じたことや考えたことを子どもたちが発表します。どの子どもも自分や友達の成長をふり返り、しっかりと自分の言葉で語っているのが大変印象的でした。

「白い黒板の中の『人任せじゃなくて、自分任せができるから』の文章は佐竹さんの感想で、前の時の強い人について行ったは、

| 第Ⅰ期 | 第Ⅱ期 | **第Ⅲ期** | 第Ⅳ期 | 第Ⅴ期 |

　強い人についていく＝任せるで、人任せだったけど、『今回は少ないので自分の弱さを思い知ると思います』では、自分の弱さを思い知ると思いますの部分で、自分が変わる＝自分任せに変わるから、佐竹さんの白熱というのは、自分任せがあるからなんだと思いました」

　「白い黒板を見て思ったことなんですけど、人っていうのは成長が重なって生きていくんだと思いました。普通は、黒板にも書いているように、自分でも思った事なんですけど、様々な成長が発表や態度が、そこにも書いてあるように WIN―WIN とか、ミラーの関係とか、心の開放とかいっぱい成長があったんですよ。それは多分なんですけど、このクラスがやっぱりやまなしを通じて一番成長したことだと思いました。そして、これからも討論をたくさんすると思います。そしたら討論一つ一つが終わった時に『一番成長したな』と言えるような討論にしていきたいと思いました」

　ていねいな振り返りにより、子どもたちは、「やまなし」の話し合いを通しての自分の成長を改めて確認することができたようです。話し合いの最中は、白熱し、話し合うことに一生懸命になるので、「白い黒板」に出たようなことを意識することは難しかったはずです。だからこそ、この話し合いを通してどのような力が身に付いたのか、どのようなことが成長したのかを最後にしっかりと振り返る必要があるのです。そして、一人の気付きをクラスのみんなで共有し合うことで、きっと子どもたちのこれからの学校生活や学習活動にも生かされることでしょう。
　自分たちのがんばりをきちんと振り返ることは大変重要です。そのような積み重ねが、次第に子どもたちの大きな成長へとつながるのだと私は考えます。子どもたちが白熱した話し合いを繰り広げるためには、その時々の成長をきちんと振り返り、しっかりと成長を積み重ねていかなければならないのです。

第Ⅲ期⑤（11月）
対話ステップ2

白熱の体験

熊本県熊本市立向山小学校
橋本慎也

■自分たちで白熱を作らせる

> ○対話ステップ２の最終段階です。これまで子どもたちは、話し合いの仕方を学び、どのようにすれば話し合いが深まるのかを実感してきています。授業を自分たちで作っていく楽しさもを感じています。ここでも菊池先生は、授業のポイントを２つ示されます。
>
> **見える化　　複数の根拠（帰納法）**
>
> 「やまなし」の授業でも「根拠を示して説明するのが重要です。立証責任があります」と菊池先生が言われているように、常に意識させられていて、本単元でも、「根拠を示してください」とお互いに問いかける様子が見られます。
> ○菊池学級では「人と意見を分ける」とよく言われます。これまでの学習で、人任せにしないこと、笑顔で話し合うことの大切さを学んできています。「生き物はつながりの中で」の学習で菊池先生が初めに示された「潔さ」、「WIN-WINの関係」が学習の経験の中でできてきていて人間関係も深まっています。
> ○学び方については、思考を深めるために有効である「比較」することができるようになってきています。友達の意見から、教科書の既習事項から、他の文献からと広がってきています。比較して考えることで、より自分たちの論を明確にしていきます。
> ○これまでは菊池先生が全体の話し合いの途中に入って指導する場面もありましたが、この単元ではかなり減っています。個に寄り添って一人ひとりを強くし、責任をもたせる指導が多く行われています。年間を見通して成長の段階を考えた指導になっています。

第Ⅰ期　第Ⅱ期　**第Ⅲ期**　第Ⅳ期　第Ⅴ期

指導のポイント

1. 価値のインストラクション〜何のために話し合いをしていくのか〜
2. ディベートの学習が生きる調べ学習
3. 主張を見える化する
4. ディベートや既習の学習が生きる話し合い活動
5. 小グループでの話し合いと個へのかかわり
6. 考えを変えることのよさを認める

教材「鳥獣戯画」（平成26年度　光村版国語教科書6年）

1. 価値のインストラクション〜何のために話し合いをしていくのか〜
■ 立場を明確にさせ、全体の傾向を知る

〈説明文とは〉— 中村さんと村上さんの意見

●**中村さん**
「まず説明文問題でいい点を取るコツというのをだんだん読んでいったら、説明文というのは、作者が一番伝えたいことを長々と書いていて、この「国語なんてかんたんだ」という本で斎藤孝さんも書いているんだけど、「ここまでいろいろ書いてきたけど、簡単に言うと難しい本を読めることが好き、これだけだもん」と書いているので、説明文も長々書いてきたんだけど9番に「鳥獣戯画はだから国宝であるだけでなく人類の宝なのだ」と書いてあるから、一番筆者が伝えたいことだなと思います。

●**村上さん**
「本当は一つだけ例えば私がリンゴが好きと思ったらリンゴが好きということしかないけど、リンゴが好きという理由を書かないとそれだけでは子どもみたいな考えになっちゃうからということで説明文は理由がないからとか説得力がないという意味で説明文はそのようにできているん

第Ⅲ期⑤ (11月)

対話ステップ2

> だよということだと思います」

学習課題 筆者が一番伝えたい段落はどこか
自画像画で意見を見える化

　この鳥獣戯画は、小学校最後の説明文です。これまで1年生から繰り返して行ってきた説明文の学習で学んだことを生かし、できるだけ自分たちで読みとっていくということをねらいとする必要があります。

　教科書の単元名は「ものの見方を広げよう」です。絵を読み解いていく筆者の高畑勲氏のものの見方を学び、自分のものの見方を広げていくことが目指されています。

　子どもたちは、それぞれに教材を読んでいきながら、筆者独特のものの見方を学んでいます。

　そして、「筆者が一番伝えたい段落はどこか」という大きな学習課題に取り組んでいきます。

写真は、自画像画を黒板に貼ることで、課題について8段落か9段落かに立場をはっきりさせた様子です。
　これを見ると「9段落」だとする意見が多いことが分かります。
　これまでの説明文の学習で、子どもたちは説明文の構成について学習しています。
　それで考えると「8段落」がまとめ、「9段落」がむすびの役割を果たしているだろうことは子どもたちも予想しています。しかし、「筆者が一番伝えたい段落はどこか」ということで文章を読んでいくと、「8段落」の役割や「9段落」の役割がはっきりしてきます。
　また、そのことを読み取っていく中で、自然に前の段落の文章を読み返し、その関係性を考える必要感が生まれ、深く読んでいくことができるのです。

■価値のインストラクション
　〜何のために話し合うのか〜

　菊池先生がこの学習で何を目指しておられるのかは、次の発言で読み取れます。学習の意味を分かっておくと、学習の意欲が高まります。学習の価値のインストラクションが大事であることが分かります。

●鶴（8から9に変わりたい）
「理由は、今までとぎれることなく続いているのは日本文化の特色なのだと、これが昔からあることが大切ととらえていたんですけど、改めて読み返してみると、ここにそのころの時代は鳥獣戯画だけでなく、ほかにもとびっきりすぐれた絵巻がいくつも制作されてということは、他にも様々ないいものが出されていることなのでかわろうと思ったんですけど、9にも高畑さんが鳥獣戯画自身を書いた人の心を読み切ってそれを読者に伝えたいんだと思って、ぼくは8から9に変わろうと思いました。
●菊池

第Ⅲ期⑤ (11月)
対話ステップ2

「ありがとうございました。それ以外の根拠も見つけてがんばってください」

● 石田

「新しい理由が見つかったんですけど、先生が9段落って付録って言ってじゃないですか、8段落にも〜なのだ。と書いてあって9段落にも〜なのだ。と書いてあって、8段落のなのだは日本文化の大きな特色のことを言っているじゃないですか。伝えたいことでなのだを使っているんですけど、9段落のなのだは1〜7のまとめで最後に宝なのだと断定しているけど筆者のいらない感想というか感想のなのだから、伝えたいことではなく違うんじゃないかと思って……。」

● 菊池

「先生は付録ととってもいいんじゃないかと言ったわけ。ゆくゆくは今言っとくけど、文章構成云々と言うけれど、『はじめなかまとめ』とか『はじめなかまとめむすび』とか言ってるけど、それっていうことがただ形式的に段落がここにこういうことが書いてあるからこれが中で、具体例だから中で、というふうにしか考えていないわけよ、みんな。それをもう一回ね、ほんとに中っていうのは具体的にどうなのか、まとめとむすびはどういう関係なのかをあえて8と9でやり合う中で、もう一回考えてもらいたいということがあるわけ。

　だから低中高で違うじゃないか、まとめっていうのはどういう意味で、むすびっていうのはどういう役割でどういう意味なのかということを、言葉は知っているけど、深く考えないし、十分理解ができてないからここであえて8と9でやりあう中で、まとめの意味、むすびの意味というものをもう一度問いなおして勉強してみましょう、というのが意図なんよね。だからほんとうに付録かどうかは分からないし、なのだの二つの意味があるというのを石田君がそう考えたというのはそれでいい。それをみんなに言っ

| 第Ⅰ期 | 第Ⅱ期 | **第Ⅲ期** | 第Ⅳ期 | 第Ⅴ期 |

> てみてみんながどういう意見をもつかということを、それをやり合うことが結局はまとめとむすびの本当の意味みたいなものが小学校の6年間の説明的文章の学習がどういうことだったのかみんなが分かるいい勉強になるのではないかなと先生は思います」

2. ディベートの学習が生きる調べ学習

■ 同じ意見の仲間で情報を共有する

> 調べ学習 同じ考えの子どもたちで集まり情報を共有して作戦を立てる

　子どもたちは、「筆者が一番伝えたい段落はどこか」という課題について、「8段落」か「9段落」かということを話し合うために、相手を説得するための根拠となる事実や理由付けを考えていきます。

第Ⅲ期⑤ (11月)
対話ステップ2

　1次で自分の立場をはっきりとさせ、誰が同じ考えか、誰が違う考えかが分かっているので、同じ考えの子どもたちで集まって、情報を共有しながら作戦を立てていきます。

■学び方を学ばせる

　この学習では、鳥獣戯画で筆者が伝えたいことを学ぶという教材目標よりも、菊池先生は、小学校の説明文の読み方のまとめとして、「どのように学ぶか」の学び方を学ぶ教科目標を重視して学習を行っています。それは、魚住さんへの次のような言葉から伺えます。

〈説明文〉　要旨　魚住さん

●**魚住**　「要旨っていうのを、まだちょっと考え付かないんですよ。インターネットの力を借りようかと思って……」
●**菊池**　「自分の頭を使わないで」
●**魚住**　「いや使いましたよ、だいぶ」
●**菊池**　「でも、あなたの考える要旨のつかみ方、作り方、見つけ方というのはどんなの？」
●**魚住**　「私だいたい感覚派なんですよ。だから人に説明できるようなもんじゃないんですよ。」
●**菊池**　「感覚として、具体例があってそれをまとめているというのが感覚じゃん。経験からくる感覚だよね。それをもっと精度を上げて、要旨というのはこういうところがポイントでこういうところに着目するとほぼ全員が同じような要旨になりますよと、つまり毎熊さんもここに気を付けて読めばここは要旨、全く相談しない魚住さんもそのポイントに気を付けて読んでいけばそしてまとめれば要旨ができる、そしてそれが似てる、ほぼ一緒、極端にいえば一緒になるようなポイントを見付けないと、ただ「はじめなかむすび」があります、具体例があってまとめています、というだけでは、たぶんバラバラの要旨しかならないよね。だから一歩進んで要旨というんだったらポイントみたいなのをもっておか

| 第Ⅰ期 | 第Ⅱ期 | 第Ⅲ期 | 第Ⅳ期 | 第Ⅴ期 |

> ないと、マスターキーみたいなの、この鳥獣戯画ではよかったけれど、他の説明文ではまだ分かりません、となったって何の勉強したかよく分からないよね。鳥獣戯画の勉強しているんじゃない。説明的文章の読み方の勉強をしているわけだから、一歩進むと今までと違う小学校生活の説明的文章の読み方が本当に分かる、ということになる。そのためにあえて向こうは向こうで悪魔の弁護人になるという可能性が高いわけだから、それに気付いてもらうためにお互いが言い合って、じゃあだれもが同じになる勉強の仕方、考え方を見つけましょう、ということよね。」

　要旨を見つけるポイントが分からないと、鳥獣戯画ではよかったけれど、他の説明文では分からなくなり何の勉強をしたかよく分からないということを言われています。

　そうすることで「今までと違う小学校生活の説明的文章の読み方が本当に分かる」ということがねらわれているのです。鳥獣戯画の教材内容が分かるのではなく、説明文の読み方を学ぶという教科内容の重視です。

　さらにこれまでのディベート等の学習が白熱する話し合いに生きてきている場面があります。

■あえて相手の立場に立って考える

　「あえて向こうは悪魔の弁護人になる可能性が高いわけだから」という発言がありますが、これは説明的文章の読み方が本当に分かるために、自分は「9段落」だと思っていても、あえて「8段落」に賛成の立場に立ち考えてみることで、「8段落」に賛成の立場から学習課題を見ることができ、その結果として、文章の構造がより見えてくるということを指しています。

　これは、これまで菊池学級が行ってきたディベートの反駁の練習の経験が生きていると思われます。真実を解き明かすためには、あえてその事実に対する反駁を考え、それに対応する答えを見付けていくことで、より深い理解が生まれてくるということを経験している子どもたちだか

第Ⅲ期⑤ (11月)
対話ステップ2

らできることです。さらに、ディベートの学習ではいかに準備をしたかで勝敗が決まることを経験して分かっています。それが写真のような子どもたちの意欲的な調べ学習につながっているのです。

3. 主張を見える化する

> **主張の見える化** 紙に意見をまとめながら自分たちの主張を整理し、明確にする。

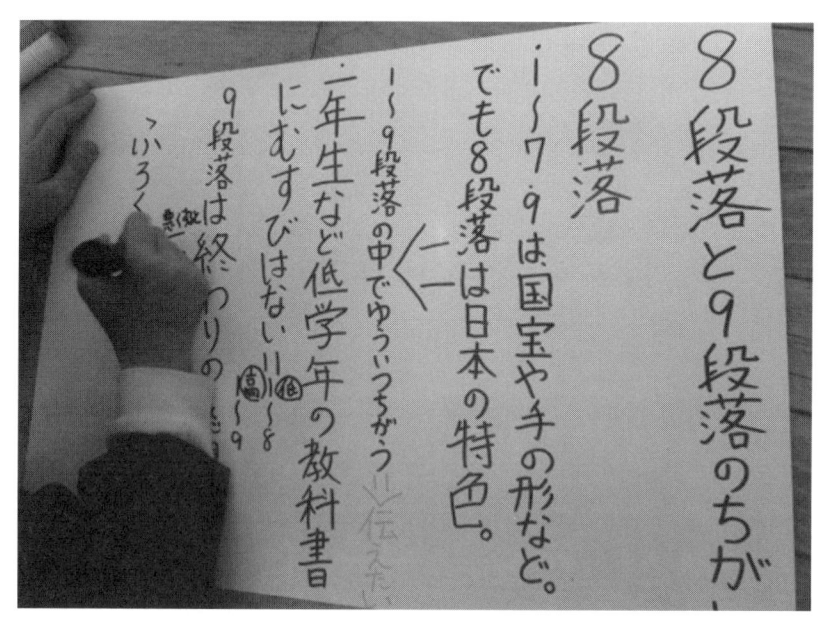

■思考の共通のツールを作る

　同じ考えの子どもたちで集まって情報を共有しながら作戦を立てていく中で、上の写真のように子どもたちは自分たちの考えを模造紙にまとめていっています。

　グループで話し合って考えをまとめていく際に、共通のツールとなる１枚の模造紙にまとめて、それを見ながら協議していくことが、自分たちの考えの理解を深めるために有効にはたらいています。まとめていき

ながら、自分たちの論を確かなものにしたり、付け加えたりするのです。

　また自分たちの話し合いだけでなく、全体での話し合いにおいても有効です。この模造紙を貼って、お互いの意見を比べることによって意見の違いがはっきりと分かります。

　模造紙による見える化が、話し合いが深まるための大事な方策となっているのです。

■事実＋理由づけで論理的に説明する

　ディベートの学習の効果が表れているのは、論理的な説明の力が十分に付いているという子どもの事実から分かります。自分たちの主張を相手に納得させるためには、しっかりとした根拠が必要です。相手を納得させる根拠を示すには、事実（国語では文章）に対してどのような明確な理由付けが行えるかということが必要になってきます。

　理由付けは、自分の経験をもってくる場合もあるでしょうし、他の文献をもってくることもあります。また、これまでの既習事項を理由付けにすることもあります。このような教科書教材の他の文献や既習事項を理由付けに使うことが菊池学級では非常に鍛えられています。

　これは、国語科でもそうですが、社会科の学習等でも見られます。自分の主張を論理的に説明するために、資料集だけでなく多様な文献にあたり、その中から見付けた事実をもとにして自分の主張をしていくという学習のスタイルが学習技能として定着しているのです。

　前述の中村さんの話でも、説明文を学習するのに斎藤孝氏の本を参考にしていますし、前ページの写真でも、これまで学んだ1年生

第Ⅲ期⑤ (11月)
対話ステップ2

からの説明文での読みを根拠にして説明をしようとしています。

■**意図的・継続的な指導**

しかし、こういったこれまでに身に付けてきた力は、一朝一夕に付けられるわけではありません。力を定着させるには、意図的に使う場を設定し、その活動の中でその付けた力を使うことが相手を納得させるために有効であることを自覚させる経験を積んでいかなければ子どもたちの心には落ちないのです。それを菊池先生は地道に実践されているのです。

4. ディベートや既習の学習が生きる話し合い活動

■ **批判的思考力を育てる**

ディベートの学習は、前述したように調べ学習において、反対意見を予想して調べておく、という調べ学習に生きていました。反対意見を予想するということは簡単なことではなく、果たして本当にそうであるのかと考える批判的な思考力を育てていなければ、話し合いをしても反対意見や質問が出されず、自分たちの意見を発表し合うだけの意見発表会となってしまいます。これでは、話し合いは深まりません。

また、批判的思考力を発揮するにおいては、菊池学級で子どもたちの共通理解となっている「人と意見を区別すること」が指導されていなければ、感情的な話し合いになってしまい、論理的な話し合いはできません。

菊池学級のようにディベートで育てられた批判的な思考力が付いている学級は極めて少ないというのが現在の状況ではないでしょうか。菊池学級で白熱した意見が嚙み合った話し合いができる要因は、ディベートの学習を定期的に意図的に入れ込んだカリキュラムにあると思われます。そして、そのディベートで付けた力を、普段の授業で使っていくことで、ディベートで付けた力が他に転用できる汎用的な能力となっていくもの

| メインの話し合い | 批判的思考力を育てる話し合い |

と考えられます。

■ディベートでの話し合い方を活かす

　それは、話し合いの仕方にも表れています。「筆者が一番伝えたい段落はどこか」という課題について「8段落」か「9段落」かということを話し合うために、相手を説得するための根拠となる事実や理由付けをグループで考えてきた子どもたちは、いよいよ話し合いに入ります。
　まず、「8段落」への「9段落」からの質疑・反論から始まります。

第Ⅲ期⑤（11月）
対話ステップ2

〈9段落を支持する人たちの主張〉

● 鶴　「ぼくは山形君たちへ反論します。山形君たちは8段落は……が集まっていて9段落は……と言いましたよね。そのぶん8段落の前に筆者が書いていることをその分8段落はつまっているなら、その分前に説明したのならいらないととらえたんですけど、それはどうですか」

● 山形　「まとめているからこそ、有用性が高いというのは筆者が使いたいところなんですけど、僕たちが言ったのは大事な段落には筆者が伝えたいことが含まれているということ、大事だということを証明するためにいろいろ何個分ということを説明したんです」

● 内川　「山形君は8段落が3、4、5段落をまとめていると言っていました。でも石田君は9以外の段落と違うことを8段落が言っていると言っていました。でもそれは矛盾しています。なぜなら、山形君はまとめていると言っていたじゃないですか。ということは8段落に1～7のその段落の分が書かれています。なのに石田君はそれとは違う特色があると言っています。それはおかしいじゃないですか。

● 山形　「僕たちが言っているのは、まとめている部分も入っているし、さらに違うことも言っていると言いたいんです。だから日本の特色というのが唯一違う。それもあるし山形君が言うにはその前にまとめている、そのぶん大事だから伝えたいんじゃないかということです」

● 内川　「では8には8だけの言いたいこともあるしさらに1～5までのいろんなことのまとめもしている、ということになりますか」

● 山形　「両方含んでいるということです」

● 内川　「そうだったらぼくたちが考えた8への反論なんですけど、8段落に鳥獣戯画とは書いています。でも「だけではない」と書いています。そのほかのことも書いている。つまり鳥獣戯画のことを書いているのではない。8は漫画やアニメの誕生やほかの絵巻のこと、日本文化のことを書いている。つまり主題とはずれているので伝えたいことではない。なぜなら8が一番伝えたいことならば、題名を「漫画、アニメー

ションの誕生」とも書けるはずだ。ならなぜ鳥獣戯画という題名なのか。これは鳥獣戯画が自分たちにとってどういうものかを伝えたいからだ。だから8ではない。8は資料である。鳥獣戯画を読む、ではなくてもインターネットで調べることがある。筆者の考えは、鳥獣戯画を読むでしか読みとることができない。つまりどこででも調べられるものよりも、その本を読まないと分からないものを筆者は伝えたい」
●石田 「8段落に鳥獣戯画だけではない」と書いてあると言ったじゃないですか、でもその前はこの絵巻が作られたのは今から八百五十年ほど前、平安時代の終わり、平家が天下を取ろうとしていたころだ。鳥獣戯画だけではない……」
●菊池 「違う質問はありませんか」
●中村 「8段落は1～7、9と違うことを書いている、と言う人に反論なんですけど、この斎藤孝さんの本の『ぼくは明るいのがきらいで暗いのが好き』」という文があって、1文で終わってしまったらかっこわるいというのが分かりますか。理由もないから説得力もないからあれこれもっともらしい理由をつけるんですよ。……9は本物の題と考えられませんか。
1～7と9は日本の国宝の宝のことが書かれていて、8には日本の文化の特徴が書かれている……」

　ここでは、まず9を支持するグループは8を支持するグループの発言をとらえ、その発言の矛盾点をついています。こういった発言の仕方が、ディベートの学習をやっていて、しっかりと身に付いていないとなかなか使えない発表の仕方であると思われます。そして、その反論に対しても、再度意見を述べています。これは、準備しておかなければできないことではあるし、しかも一度に根拠を出してしまうのではなく、どの順番にどの根拠を出していくか考えて発表しており、話し合いに計画性があります。こういったところもディベートの学習を通して身に付けたことであると考えられます。

第Ⅲ期⑤ (11月)
対話ステップ2

■既習の学習技能を活かす

　さらにディベートの学習だけではありません。これまでの国語の時間で身に付けた学習技能が多く使われています。例えば、言葉にこだわって内容を読み取る技能です。「だけではない」といった言葉にこだわった発言があります。菊池学級の子どもたちは、常に国語辞典を身の周りに置き、何か分からないことがあると国語辞典を引いて調べる習慣がついています。中には電子辞書を持ってきて、引いている子どももみられます。そういったちょっとした言葉の違いに対する感覚が鋭いのです。これは、国語の時間を中心にして日常の生活でも、常に言葉に対する感覚を磨いてきている菊池学級だから身に付いていると思われます。

　もう一つ国語での学習が生きているのは、題名読みが使われているところです。題名には、筆者が伝えたいことが凝縮されています。そういったことをこれまでの国語の学習で実感し、考える学習を積み重ねてきたから、話し合いの中で根拠として使うことができるようになっているのです。最後のほかの本から学んだことを根拠にした発表も、一般的には関係付けることがなかなか難しいのですが、しっかりとなされています。

　このようにディベートや既習の学習が菊池学級では話し合い活動に生きてきているのです。

第Ⅰ期 第Ⅱ期 **第Ⅲ期** 第Ⅳ期 第Ⅴ期

5. 小グループでの話し合いと個へのかかわり

> 少人数での
> 話し合い 　授業が終わり休み時間も続く話し合い

■小グループでの話し合いの効果

　菊池学級のディベートの学習で大事にされるのは、前述した「感情的にならず、人と意見を区別する」ということと、「相手を尊重しながら話し合うことができる」ということです。つまり、ディベートの学習は、単に話し合いの技法を教えているということでなく、あくまでも学級づくりに力点をおいて指導しているということなのです。菊池学級の様々な活動、「質問タイム」「ほめ言葉のシャワー」「成長ノート」などで、子ども同士、教師と子どもがつながっているからこそ、このような反対意見がどんどん言えるわけです。

　8段落への9段落からの質疑・反論の終わった後も、小グループに分かれて意見の交換が見られました。こういった話し合いは、授業中だけ

第Ⅲ期⑤ (11月)
対話ステップ2

でなく、朝の時間も、休み時間も、クラスのいろいろな場所で行われています。前述の写真の時も休み時間に8段落への9段落からの質疑・反論の続きが行われていました。

> 「だから、一番伝えたいことは、」「伝えたいことは大体強調してあることだよね」
> 「さっき桃ちゃんが見つけたんやけど、じつにのびのびしていると、自由闊達は意味が同じだよ。つまり2回同じことを言っている。それだけ強調したいんだよ」
> 「なぜそういうことを強調したいかというと、普通のこれが普通の文だとする。資料の文は自分の考えではない。例えば伝えたくないものをいちいち2回言う？」
> 「説明的文章ってさ、事実を伝えたい。・・」

このような話し合いが小グループで行われることで、さらに自分たちの論を深めていくのです。

■個への支援

菊池先生は、それらのグループの話し合いを回って聞きながら、その子に応じた言葉かけや支援をして、個を強くしていきます。

例えば、なかなか自分の考えをうまく説明できない子どもへは、ノートのメモの仕方の成長をほめて自信を付けさせ、意欲を高めていくのです。

> 「このように分かるようになってきた。言っていることも分かる

第Ⅰ期 第Ⅱ期 **第Ⅲ期** 第Ⅳ期 第Ⅴ期

> しメモとれて、ほんとにまた自分で考えられるようになった。勉強についてきて分かるようになってがんばっているということや」

このように、他と比べるのではなく、その子の成長をとらえ、的確なほめ言葉を言うことで、その子の努力を価値付け、学習技能としても定着できるように方向付けていきます。

6．考えを変えることのよさを認める
■ 複数の根拠を示す（帰納法）

8段落の主張の後は、9段落の主張です。

> | 9段落の主張 | 9段落に高畑さんの気持ちが書かれている。 |

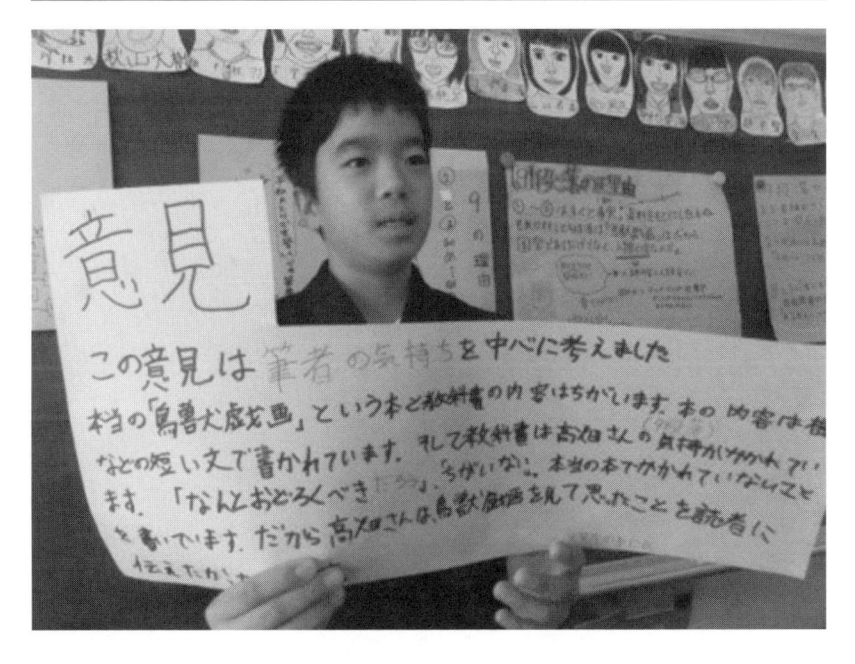

第Ⅲ期⑤（11月）
対話ステップ2

〈宮崎君〉

「筆者の心について考えたんですけど、本当の鳥獣戯画という本には高畑さんの気持ちが書かれていないので、教科書の9段落は高畑さんの心だけが書かれていて「なのだ」とか「何とおどろくべきだろう」とかそんなことが書かれていて、本当の鳥獣戯画の方は、本当のこれを見て、様子などだけが書かれていて、……。本当の鳥獣戯画の方は、気持ちが書かれていないのに、この9段落だけが高畑さんの心だけが書かれていてその筆者の気持ちが伝えたいことは筆者の気持ちだと思うんです。だって、伝えたいことでなければ……」

　宮崎君は9段落に高畑さんの心が書かれているということを根拠として9段落が一番伝えたい段落であると主張しています。
　これに対する9段落への質疑です。

●元山　「9段落の方が筆者の考えだけが書かれている、9段落の方が筆者の伝えたいことだと言いましたよね、どうして8段落は絵を見ながら書いたことだから、本当は伝えたいことではないということが分かるという証拠のようなものはありますか」
●宮崎　「だって、内川君の言うとおり、漫画やアニメの祖ということだけが書かれていて、そのできた時代というものしか書かれていないじゃないですか」
●内川　「じゃあ、そっちという根拠を教えてください」
●元山　「根拠？9段落が正しいと言っているじゃないですか。じゃあ逆に言いますけどその根拠は何ですか」
●内川　「その根拠はここに書いています」
●石田　「中村さんがトマトが好きからどんどん生まれてくると言っている帰納法的な感じになるといってたじゃないですか、でもトマトが好きから生まれてくるんならそれが一番大事ならそれ

が一番最初に出て中村さんが言うにはそっから意見がどんどんつながっていくということになりますよね」
●中村 「だから作者が一番伝えたいことは心の中ではトマトが好き、ということなんですよ。だけど説明的文章には、これを見てください。（アップとルーズの文章を見せる）ここからここに・・は出ていますか。出ていませんよね。だから作者は載せるんです。最後の方に。自分の伝えたいことを。以上です」
●菊池 「では反対意見」
●尾田 「今さっきだれかが平和のとりでを築くと鳥獣戯画を読むで比べていたんですけど、筆者が違うので考え方も違うから別に伝えたいところも違うんではないですか。」

　発言の中で、帰納法という言葉が出てきます。帰納法というのは、多くの事実から類似点をまとめあげることで結論を引き出すという論法です。相手を納得させるには、多くの事実を示さなければ、少ない事実では相手を納得させるだけの確実な真理になりません。これは、第1時で授業のゴールを菊池先生が示された時、解決する方法として複数の根拠（帰納法）ということを示されて板書がなされています。（本誌178ページの写真を参照）それを説明の中で使っています。

　トマトの話は唐突であるように感じると思いますが、菊池学級の子どもたちは相手に分かりやすくするために何かに例えて話すことがよくあります。トマトもその例えの一つです。

195

第Ⅲ期⑤ (11月)

対話ステップ2

■納得して自分の意見を変える

　8段落を主張していた子どもに秋葉君がいます。秋葉君は、はじめは8段落が1～7段落で述べた鳥獣戯画のことをまとめているので8段落が筆者が一番伝えたい段落であるという主張をしていました。

　しかし話し合っていく中で、少しずつ自分の考えを変えていきました。

●9段落へ8段落からの質疑・反論

●**秋葉**「読んでみたんですけど、1～7段落は絵の説明をしているだけなんですよ。絵の説明を最終的にしているのがこの8段落なんですよ。この時代にはほかにもとびきりすぐれた絵巻がいくつも制作され、上手な絵や言葉で長い物語を実に生き生きと語っている、とかいてあるじゃないないですか。1～8段落は9段落につなげているという解釈のとり方もできて、1～7段落はこの人類の宝とか国宝とかそういうことはいっさい書いていないんですよ。書いていることといえばこの絵の説明とこの絵の線とかだけなんですよ。その絵の最終的な説明をしているのがここ（8段落）なんですよ。1～7段落の絵の説明をすべてまとめているので8段落が一番言いたいことだと思います」

「つまりここに国宝とか書いてあるけどこっちには書いてないということですね」

●**菊池**「具体例のまとめは8段落、これがそれまでのまとめの段落ということね」

●**秋葉**「祖先たちはこの絵巻物を大切にして保存して私たちに伝えてくれた、とは根拠付けられないので……」

「これは作者のあれで、ここにだからとありますよね、いくつかの資料や事実をもとにして筆者の意見を考えている……」

「8段落でこの時代にはほかにもとびきりすぐれた絵巻がいくつも制作され、と書いてあって、それを踏まえて9段落に世界を見渡してもこれほど自由闊達なものはどこにも見つかっていないと

> いうのはそれをくらべて書いているからつなげられているということですよね。」
> 「鳥獣戯画のほかにもこれくらいすごい……」
> ●秋葉 「日本にしかないという意味ですが、こっちでは日本ではいくつもこういうものがあると言っているんですよ。だからこれはこっちの意見を強くしているんですよ」
> 「これがこれを強くしているの？」
> 「ということはこっちをパワーアップさせるのがこっちということですよね」
> ●菊池 「ということは９段落」
> ●秋葉 「そういうことになりますかね。変わります」
> ●秋葉 「ぼくは８段落から９段落に替わります。理由はぼくがこの意見に反論している時に１〜７段落を強くしているという反論意見を作ったのですが、その１〜７段落をすべて強くした８段落が、また９段落の文章を強くしているという意味では、それを他の言い方に替えると、１〜８段落は９段落を強くしているという意味に変換されたので、自分の言っていることと８段落を味方していることが矛盾したので９段落に変わります。」

このように、話し合いの中で自分の立場を変えるというのはしっかりと考えたからできることであり、学習の姿勢である「潔さ」として素晴らしいことであると子どもたちにも認識されています。

■自分たちで白熱を作らせる

　菊池学級ではディベートや授業の中で付けた力を発揮しながら、白熱する話し合いが行われています。
　それは学級づくりを基盤とし、全力で学習することのよさ、学び方を学ぶこと、話し合いでみんなのことが分かること、など学習を通して自

第Ⅲ期⑤（11月）
対話ステップ2

分が成長したことを自覚し、さらに自分やクラスを高めていこうと意識の高まりから実現できることであるのです。

この単元の学習では、第1時の板書に示されているように、これまで学習してきた成果と課題を踏まえ、次の2つが話し合いの目標として示されていました。

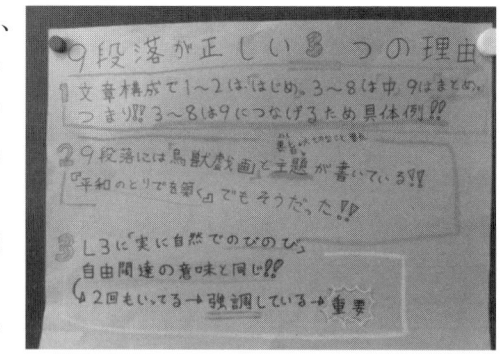

> 見える化　　複数の根拠（帰納法）

子どもたちは、菊池先生が示された話し合いの課題を強く意識しながら、これまで学んできた学び方を自分たちで活用して学習課題の解決に向かっていきます。何とか課題を解決したい、解決しないではおられない、という強い意識が子どもを動かし、主体的な授業を子どもたちが作っていきます。

またこれまでの学習の中で、自分がもっている知識や経験の量や質が足りないからこそ、友達と考えを出し合わなければならない、話し合いたくてたまらない、という協同の必然性から白熱した話し合いが生まれてきます。まさしく、アクティブ・ラーニングです。

学習の形式が先にあるのではなく、子どもの論理から組み立てられた授業であるからこそ、子どもたちは自分たちで授業を作っていき、白熱した話し合いができていくわけです。

第Ⅳ期（12・1月）
ディベートステップ２

第Ⅳ期（12・1月）
ディベートステップ2　第二反駁

価値（意見）

宮崎県宮崎市立恒久小学校
錦織謙一

■質の高い話し合いをさせる

○これまでに、人と意見を区別して「白熱する話し合い」を、物語文・説明文・ディベートなどを通して、経験してきています。どのように意見を出し合い、どのように意見をまとめていくかなど、学習の流れがクラスにきちんと定着しているので、話し合いがとてもスムーズにできる時期です。普段の生活でも、人と意見を分けることができているので、お互いの性格や言い方を理解し、言葉や行動の裏にある意図を児童同士が理解し、受容することができる人間関係が形成されています。

○クラスのルールを守りつつ、教師から教えられた「学び方の型」を発展させた学び方ができるようになっています。つまり、学び方の自由度がとても高い時期です。具体的には、小ループを自然と作って学び合ったり、画用紙に文字や図・絵などをまとめて「見える化」をしたりなど、児童がこうやって話し合いたい、まとめたいということが、今までの経験から、児童が自主的に行うことができます。

○何かをする時に、全てを人に任せたままにするのではなく、それぞれの得意なことを発揮し合う時期です。出席者ではなく、一人ひとりが参加者であるという自覚をもち、主体的に学び合いたいという思いをもつ児童が多く見られるようになります。学習意欲が高く、いろいろなことにチャレンジしたいとの思いが多く見られる時期です。今回のディベートは、児童から、「話し合いたい」という提案もあって実現しています。

| 第Ⅰ期 | 第Ⅱ期 | 第Ⅲ期 | 第Ⅳ期 | 第Ⅴ期 |

指導のポイント

1. ディベートステップ2を行う意図
2. ディベートステップ2で身に付けさせたい力
3. ディベートステップ2の進め方
4. ディベートステップ2の実際と解説

論題 質問タイムとほめ言葉のシャワー
どちらの方が成長を促すか

1. ディベートステップ2を行う意図

■ディベートステップ1を行った意図

　まず、第Ⅱ期の「ディベートステップ1」と比較しやすくするために、ディベートステップ1の意図を簡単にまとめておきます。

　菊池学級では、年度初めの4・5月に、国語科の「基本的な学習スタイル」を指導されています。1年間どのように学習していくかを新しい

第Ⅳ期(12・1月)
ディベートステップ2

学級で確認しながら授業を進められています。しかし、この時期は思ったよりも話し合いが円滑に進まない時期です。「話し合い方が分からない」や「発言をして否定されないか」など、話し合うことの経験不足と学級がスタートして間もないことが主な要因だと考えられます。

そこで、ディベートを体験させることで、「話し合う力を向上させること」と「自由に話し合える学級にすること」の二つの意図をもって指導します。

```
○ 最初の単元で、「基本的な学習スタイル」を指導(4・5月)
   ねらい …学習の話し合いの流れの基盤作り
   課 題 …意見のやり取りが円滑ではない時期
```

課 題 の解決のための「ディベート(ステップ1)」の実施

「基本的な学習スタイル」の指導(4・5月)
＋
ディベートを通して身に付けさせた力(6・7月)

↓

9月以降の話し合いが活発になる

【ディベート(ステップ1)を行う意図のイメージ】

ディベート(ステップ1)は、初めてディベートを経験させるため、「まずはディベートを体験させてみる」という考えの基で実施されています。つまり、「ディベートができるようになる」ではなく、「ディベートを通して身に付く力」の定着を期待して、ディベートステップ1を行われています。

第Ⅰ期　第Ⅱ期　第Ⅲ期　**第Ⅳ期**　第Ⅴ期

■ディベートステップ2の主な意図

　次に、なぜディベートステップ2を行うのかを述べていきます。

　ディベートステップ1の指導後の単元である「平和のとりでを築く」「やまなし」「鳥獣戯画」においては、ディベートの経験を生かした「ディベート的な話し合い」ができるようになり、活発な話し合いができました。つまり、ディベートステップ1の指導の効果が、十分に国語科の学習で生かされました。

　2月に指導する、「海の命」は一年間の国語科の総まとめである最後の単元です。この単元で、今まで経験し、身に付けた話し合いの力を十分に出し切って、「質の高い話し合い」を通して、単元の目標を達成させるために、さらなる手立てを打っておきたいと考えられました。ちょうどその頃に、「クラスでディベートをしたい」という意見が児童から出されていたようです。

　そこで、再度、ディベートを指導することにしました。今回行うディベートステップ2は、「ディベートで身に付く力（ディベートで教える）」に加えて、「ディベートができる力（ディベートを教える）」をねらうことに行われました。

【質の高い話し合いのイメージ】

（上段）質の高い話し合い
（中段）ディベートができる力
（下段）ディベートで身に付く力

第Ⅳ期（12・1月）

ディベートステップ2

　ちなみに、国語科における指導を1年間通して見ると、「型の指導」と「自由な表現をさせる指導」を交互に指導される菊池先生の指導のスタイルが現れています。

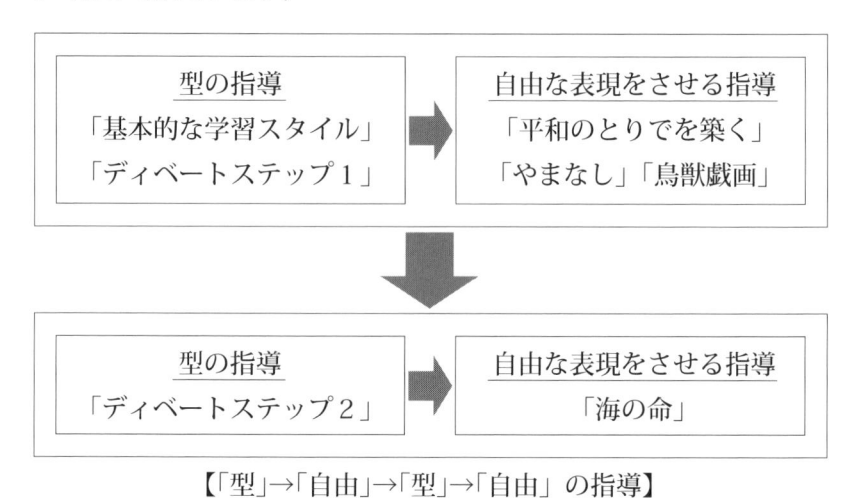

```
┌─────────────────────┐    ┌─────────────────────┐
│     型の指導          │    │  自由な表現をさせる指導 │
│ 「基本的な学習スタイル」│ →  │   「平和のとりでを築く」│
│ 「ディベートステップ1」│    │ 「やまなし」「鳥獣戯画」│
└─────────────────────┘    └─────────────────────┘
                    ↓
┌─────────────────────┐    ┌─────────────────────┐
│     型の指導          │    │  自由な表現をさせる指導 │
│ 「ディベートステップ2」│ →  │       「海の命」      │
└─────────────────────┘    └─────────────────────┘
```

【「型」→「自由」→「型」→「自由」の指導】

2. ディベートステップ2で身に付けさせたい力

　ディベートステップ2でも、ディベートステップ1と同様に、「ディベートで身に付く力」を意識した指導がされました。つまり、「ディベートで教える」指導をされたのです。

1．「見える化」の拡大ができる。
2．望ましい対応ができる。
3．聞く相手を意識することができる。
4．論を崩す思考を身に付けることができる。
5．納得解と絶対解を理解することができる。

■「1.『見える化』の拡大ができる」
　ディベート（ステップ2）では、音声言語を文字にして提示している場面がとても印象的です。

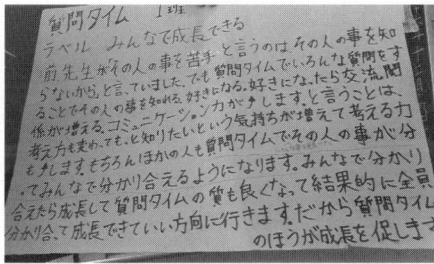

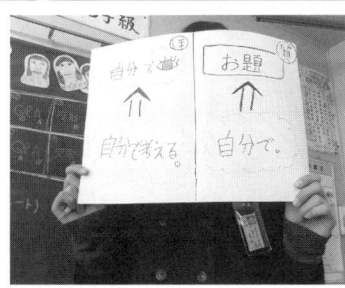

【音声言語も「見える化」する】

　視覚優位な人、聴覚優位な人もいるので、文字で「見える化」しつつ、言葉で説明することで聞き手により理解されやすくなります。
　また、ディベートステップ1では、聞き取りづらい発言をする子がいましたが、文字で「見える化」することで、言葉を正確に伝えることができます。
　音声言語は消えてしまいますが、文字言語にすることで、提示されている内は何度も読み返すことができるので、「見える化」はとても効果的な方法です。

■「2．望ましい対応ができるようになる」
　ディベートステップ1の質疑応答で、次のような気になる場面がありました。

第Ⅳ期（12・1月）
ディベートステップ2

> - ●肯定　みんながジュースを絶対に飲むと言えますか。
> - ●否定　はい。
> - ●肯定　なぜ、そう言えるのですか。
> - ●否定　だって、この学校には…。
> - ●肯定　もういいです。赤字になるだけだと思いますか。
> - ●否定　いいえ。
> - ●肯定　あなたたちのラベルには、立論には健康に悪いということなどが書かれていたのですが…、やっぱりやめます。健康に悪くなる人が少数います。それに対し、死ぬ人が1日何千人もいます。それは、どちらを選びますか。
> - ●否定　もう1回言ってください。
> - ●肯定　健康に悪くなる人が少数いるとします。それに対し、死ぬ人が1日何千人もいるとします。どちらを選びますか。
> - ●否定　えっと。
> - ●肯定　もういいです。私は内科の先生に1日に相当のジュースを飲まない限り病気にならないと言われましたが、それに対してあなたたちのラベルは成り立たないと思いますが、それに対してはどう思いますか。
> - ●否定　1日ではなく、あの、1週間のうちに5日間。
> - ●肯定　もういいです。

　回答者が答えている途中で、質問者が「もういいです」と言って、一方的に話を進めてしまっています。

　実際の生活においても、最後まで話を聞くことはコミュニケーションにおいてとても大切な視点です。

　相手を傷付ける言葉を使わないことや相手の目を見て、どんなことを言っているかを理解させたり、鏡の法則（自分の気持ちが自然に態度に出て相手も同じように返してくること）を理解させたりすることで、ど

第Ⅰ期 第Ⅱ期 第Ⅲ期 **第Ⅳ期** 第Ⅴ期

のような態度が望ましいかを考えさせる機会にもなります。

ディベートステップ2の質疑応答は次のように、望ましい対応ができるようになりました。

- ●質問　マイナスをプラスに変えて、結果、何になるんですか？
- ●回答　教室のみんなが明るくなること。
- ●質問　4488個のほめ言葉とありましたけど、その結果はどうなんですか？
- ●回答　やはり、みんなに自信がついて、明日もがんばろうという気持ちがあふれます。
- ●質問　その人のよさが知れると言っていたじゃないですか？質問タイムではできないということですか？
- ●回答　相手のことを知るということは、相手のいいところを知っているということ。質問タイムは、相手の好きなところだけを知ることができる。
- ●質問　良いところは知れない？
- ●回答　はい。
- ●質問　なぜ良いところが知れないと言うんですか？
- ●回答　いいところは、みんなの動きで、行動で示すじゃないですか。いいところは言葉で、使える言葉はありません。

質問者は整然と話をし、回答者はうなずきながら質問を聞いていました。「質問する内容で勝負」「回答する内容で勝負」といった気持ちが伝わってきます。

第Ⅳ期（12・1月）
ディベートステップ2

■「3．聞く相手を意識することができる」

　ディベートは、審判員の判断で勝敗が決まります。審判員（聞き手）を意識して話をしないと勝つことはできません。「発言力のある子の意見が勝つ」ではなく、「審判員（聞き手）を説得したら勝つ」という経験ができます。そのために、話し方の工夫が必要になります。工夫の一つとして、主張を先に述べ、理由を言う、また最後にまた主張を言うという双括型を意識させるようにします。

> 　私たちは、○○と考えます。（主張）
> 　理由は、……です。（理由）
> 　だから、私たちは○○と考えます。（主張）

【双括型の発言の仕方（例）】

　以下の発言は、実際の立論で双括型の伝え方をしている場面です。

> 　私たちは質問タイムの1班です。
> 　ラベルは、「みんなで成長できる」です。
> 　前、先生が誰々のことを苦手ということは、苦手な人のことをよく知らないからだと言っていました。でも、質問タイムでいろいろな質問をすることで、その人のことを知れる、イコール、好きになる。好きになったら、交友関係も増えて、コミュニケーション力がアップします。ということは考え方も変わって、もっと知りたいという気持ちが増えて考える力もアップします。
> 　もちろん、ほかの人も質問タイムで新しい発見ができるので、その人のことが分かって、みんなで分かり合えるようになります。みんなで分かり合ったら成長して質問タイムの質も良くなって、結果的に全員分かり合って成長できていい方向にいきます。だから質問タイムの方が成長を促します。それに、ほめ言葉は、ほめられる人だけ成長します。

> だけど、質問タイムは、質問を考える人も答える人も頭をはたらかせないといけないので、ほめ言葉も成長するけど質問タイムの方がいい成長を促します。
> それに、質問タイムの力は、「知る」、「理解する」、「好きになる」、「一緒に成長し合う」、「新しい発見ができる」。この5つです。
> だから、質問タイムの方が成長を促します。これで終わります。

　また、話し方の工夫として、バラエティ番組の司会者のような話し方をすることで、話を聞き入らせる状態にさせる児童も出てきました。

【伝え方の工夫】

■「4．論を崩す思考を身に付けることができる」

　ディベートで勝つためには、主張とその理由や根拠を述べるだけではなく、どうやって相手側の立論を崩していくかも大切になります。また、相手の立論の弱いところを見つけ、反論していくことの大切さと楽しさを経験させることができます。

　実際、発言をあまりしなかった子が、相手の立論を崩すような質問をすることができました。

第Ⅳ期（12・1月）
ディベートステップ2

回答：佐竹さん　　　　質問：下堂薗君

- **下堂薗**　さっき、質問タイムも考えるから成長すると言ってたけど、ほめ言葉だって、みんなのことを、一人のことを見るので、あと、全員に回ってくるので、成長すると思うんですけど、佐竹さんはどう思いますか？
- **佐竹**　質問タイムは、1つのことに対してどんどん深く考えていくじゃないですか。だけど、ほめ言葉は、考えた人は価値語とか使ってあまり深めていないのを言うじゃないですか。だから、深まることによって自分が頭の回転がよくなったりするから、質問タイムの方が成長する、成長を促します。
- **下堂薗**　なぜ、ほめ言葉は言われる人しか成長しないんですか？
- **佐竹**　それは、……。

　質疑応答が終わった後に、下堂薗君に対して「お〜」という言葉が送られていました。相手の論の弱い部分を指摘することができたからです。

■「5．納得解と絶対解を理解することができる」

　ディベートは、いろいろな視点から意見を述べることができます。聞いた相手がどう納得するかが大切になります。算数の１＋１＝２といった絶対解もありますが、複数の答えのある納得解の課題を出すことで、意見を堂々と述べることができるようになります。

	納得解	絶対解
意味	自分が納得でき、周りの他人を納得させられる解のこと。	数学における「正解」のこと。絶対的な一つの答えがあること。

【納得解と絶対解の意味】

3. ディベートステップ２の進め方

　「ディベートができる力を身に付けさせる」ことで、より活発で、「質の高い話し合い」ができると考え、以下の３つのことを実施しました。

> １．論題の種類を変えてディベートを行う。
> ２．より深い話し合いができるように第二反駁まで行わせる。
> ３．自主的な話し合いができるように司会と計時を児童にさせる。

■「1．論題の種類を変えてディベートを行う」

　ディベートステップ１では、「学校に自動販売機を置いてもよい」という政策論題がテーマでした。「自動販売機」という同じ視点で話し合うことができ、資料を集めやすいので、政策論題は比較的話し合いが進めやすいものです。

　しかし、ディベートステップ２では、「ほめ言葉と質問タイムはどち

第Ⅳ期（12・1月）
ディベートステップ2

らの方が成長を促すことができるか」という価値論題で行われました。資料集めはあまり必要ではなく、自分の経験から意見を述べていくディベートになります。

段階	ディベートステップ1	ディベートステップ2
論題	政策論題	価値論題
議題	「学校に自動販売機を置いてもよい」	「ほめ言葉と質問タイムはどちらが成長をさせることができるか」
立場	「賛成」か「反対」	「ほめ言葉」か「質問タイム」
視点	根拠を基に意見を述べる	本人の経験や思いを述べる

【政策論題と価値論題の比較】

「ほめ言葉のよさ」と「質問タイムのよさ」といった違う事柄に対する意見を戦わせる・本人がどう感じるかの意見で戦わせるので、ディベートをすることが政策論題よりも難しい面があります。

　お互いの主張する内容が違っても比較し、意見を述べ合うことができれば、どんなテーマでもディベートができるようになります。

　実際の国語科での話し合いは、賛成か反対かではなく、どこを根拠にしているかと解釈しての意見を述べ合います。価値論題のディベートの体験を積むことで、「ディベート的な話し合い」の力は向上すると考えられました。

■「2．より深い話し合いができるように 第二反駁まで行わせる」

　菊池学級で実際に行われたディベート（ステップ２）の流れを次のようにまとめました。

> ①Aの立論
> ②Bが質問。Aが答える。
> ③Bの第一反駁
> ④Aの第二反駁
> ⑤Bの立論
> ⑥Aが質問。Bが答える。
> ⑦Aの第一反駁
> ⑧Bの第二反駁

【第二反駁までするディベートの流れ（例）】

　ディベートは一人ひとりに役割があります。立論・質問・回答・反駁があります。ディベートステップ２では、第一反駁と第二反駁を行うので、１グループに反駁をする子が２人になります。つまり、１回のディベートで４人の子が反駁を行います。総合的に発言をしなければいけない子がディベートステップ１よりも増えるということです。

　また、ディベートステップ１では、第一反駁まででした。第二反駁が入ることで、その場での対応がより求められ、高度なディベートとなっています。

　実際の国語科等での話し合いは、「反駁をする力」と「反駁に対してさらに反駁する力」が求められます。

■「3．自主的な話し合いができるように 司会と計時を児童にさせる」

　４月は、基本的な授業や話し合いの流れを教えるために教師が主と

第Ⅳ期（12・1月）
ディベートステップ2

　なって、授業や話し合いを進める場面が多いものです。しかし、徐々に学習の流れが身に付いていくので、教師主体から児童主体の授業に構成することができます。

　また、司会を児童に任せることで、いつでも自分たちで話し合いを進められるようになります。実際に、菊池学級では、休み時間に自然発生的に児童が話し合いをする姿が多く見られた時期です。

　また、アクティブ・ラーナー（主体的な学修者）を育てることが求められる今、必要な視点であると考えています。

> 　生涯にわたって学び続ける力、主体的に考える力を持った人材は、学生からみて受動的な教育の場では育成することができない。従来のような知識の伝達・注入を中心とした授業から、教員と学生が意思疎通を図りつつ、一緒になって切磋琢磨し、相互に刺激を与えながら知的に成長する場を創り、<u>学生が主体的に問題を発見し解を見いだしていく能動的学修（アクティブ・ラーニング）</u>への転換が必要である。すなわち個々の学生の認知的、倫理的、社会的能力を引き出し、それを鍛えるディスカッションや<u>ディベート</u>といった双方向の講義、演習、実験、実習や実技等を中心とした授業への転換によって、<u>学生の主体的な学修を促す質</u>の高い学士課程教育を進めることが求められる。学生は主体的な学修の体験を重ねてこそ、生涯学び続ける力を修得できるのである。
> 【新たな未来を築くための大学教育の質的転換に向けて～生涯学び続け、主体的に考える力を育成する大学へ～（答申）平成24年8月28日　中央教育審議会】

　つまり、児童が主体となってディベートや話し合いができるようになるということは、今、求められているアクティブ・ラーナーを育てることにつながります。

4. ディベートステップ2の実際と解説

　ディベートステップ2の実際の様子を、文字と写真でまとめました。ディベートの様子と、どういった意図で行っているかの解説を入れて説明していきます。
　話し言葉のため、文字にすると理解しづらい内容もありますが、子どもたちが話した事実として、ディベートで話し合っていたことを、できるだけそのまま載せました。

> 【1回戦前半1試合】　A班：「質問タイム」、B班：「ほめ言葉」
> 【司会・計時】　元山さん
> 【論題】「質問タイムとほめ言葉のシャワーどちらの方が成長を促すか」

●**司会**　今から6の1、第2回ディベート大会を始めたいと思います。

> **（解説）**
> 　自主的な話し合いができるように司会と計時を児童に任せます。「司会が一人、計時が一人」というように役割を決めて進めてもよいでしょう。今回は一人の子が司会と計時を兼ねて進めました。

第Ⅳ期（12・1月）
ディベートステップ2

いぇ〜い。（拍手）

●**司会**　今日は、1回戦ずつやるので、全部合わせて4試合やります。

> **（解説）**
> ＜ディベートの手順＞
>
> > ①Aの立論
> > ②Bが質問。Aが答える。
> > ③Bの第一反駁
> > ④Aの第二反駁
> > ⑤Bの立論
> > ⑥Aが質問。Bが答える。
> > ⑦Aの第一反駁
> > ⑧Bの第二反駁
>
> 　指導者の意図によって、ディベートの手順を変える必要があります。今回は、ステップ2の段階なので、第二反駁まで実施しました。

いぇ〜い。（拍手）

●**司会**　いいですか。目的は、討論で新しい自分を見付けようということで、立論を作るときも、一つのことに固まりすぎないで、視野を広げていろいろな立場から自分を見れるようになってほしいという意味で、この目的にしました。

> **（解説）**
> 　ディベートをする前に、手順・目的をしっかり伝えさせます。板書に書き「見える化」させることで、常に目的を意識できます。

第Ⅰ期　第Ⅱ期　第Ⅲ期　**第Ⅳ期**　第Ⅴ期

●司会　それでは、今から1班と7班の試合を始めたいと思います。AとBを決めたいんですけど、どちらがいいですか？　こっちがAで、こっちがBです。
●司会　それでは、Aチームの立論の人は前に出てください。今からAの立論の意見を言ってもらいたいと思います。時間は1分間です。よ～い、スタート。

（Aの立論）
　私たちは質問タイムの1班です。

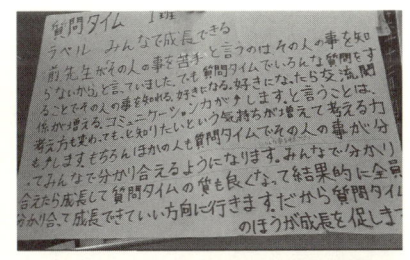

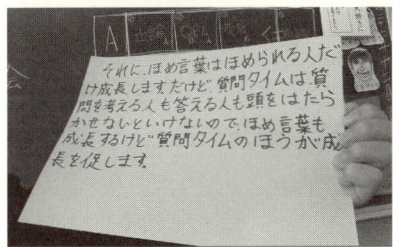

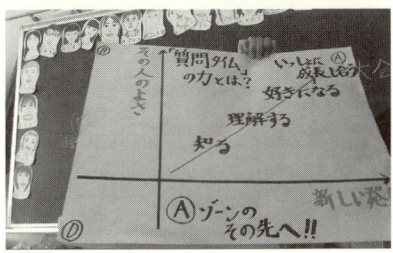

　ラベルは、「みんなで成長できる」です。

> （解説）
> 　ラベルとは、議論の「見出し」のことです。

　前、先生が誰々のことを苦手ということは、苦手な人のことをよく知らないからだと言っていました。でも、質問タイムでいろいろな質問をすることで、その人のことを知れる、イコール、好きになる。好きに

第Ⅳ期 (12・1月)
ディベートステップ2

なったら、交友関係も増えて、コミュニケーション力がアップします。ということは考え方も変わって、もっと知りたいという気持ちが増えて考える力もアップします。もちろん、他の人も質問タイムで新しい発見ができるので、その人のことが分かって、みんなで分かり合えるようになります。みんなで分かり合ったら成長して、質問タイムの質もよくなって結果的に全員分かり合って成長できていい方向に行きます。だから質問タイムの方が成長を促します。それにほめ言葉は、ほめられる人だけ成長します。だけど、質問タイムは質問を考える人も答える人も頭をはたらかせないといけないので、ほめ言葉も成長するけど質問タイムの方がいい成長を促します。それに、質問タイムの力は、「知る」、「理解する」、「好きになる」、「一緒に成長し合う」、「新しい発見ができる」。この5つです。だから、質問タイムの方が成長を促します。これで終わります。

●司会　ちょうど1分です。

お～。(拍手)

> (解説)
>
> 　音声言語も「見える化」することで、説得力を向上させています。
> 　ステップ1では、ノートなどに書いたメモを基に、立論を行っています。図を画用紙にまとめものは提示していました。
> 　ディベートステップ2では、音声言語だけではなく、文字言語でも伝える工夫として、画用紙に言葉をまとめて、提示しています。このように、映像・グラフ・図表・数値化によって誰にも分かるように表すことを「見える化」と言います。
> 　ただ、図だけではなく伝える言葉も「見える化」することで、判定員により理解してもらうための工夫です。視覚優位な子もいれば、聴覚優位な子もいるので、ユニバーサルデザイン的な表現の方法となっています。

| 第Ⅰ期 | 第Ⅱ期 | 第Ⅲ期 | **第Ⅳ期** | 第Ⅴ期 |

●**司会** それでは、30秒間作戦タイムです。

> （解説）
> 発言は、1分間しかないので、早口で話をしています。審判は、教室の後方で聴いていますので、発表者は、話す速さも考えないといけません。ただ、普段から早口でのやり取りになれていれば、ある程度早くても聴き取れます。ちなみに、審判はメモを取りながらディベートを聴いています。
> 作戦タイムは、30秒です。短い時間だから集中して取り組むことができます。
> 学級や児童の実態に応じて、発表する時間と作戦タイムの時間を変えて行うといいでしょう。

（Bが質問。Aが答える。）質問：下堂薗君　回答：佐竹さん

●**B**　さっき、質問タイムも考えるから成長すると言ってたけど、ほめ言葉だって、みんなのことを、一人のことを見るので、あと、全員に回ってくるので、成長すると思うんですけど、佐竹さんはどう思いますか？
●**A**　質問タイムは、1つのことに対してどんどん深く考えていくじゃないですか。だけど、ほめ言葉は、考えた人は価値語とか使ってあまり深めていないのを言うじゃないですか。だから、深まることによって自分が頭の回転がよくなったりするから、質問タイムの方が成長する、成長を促します。
●**B**　なぜ、ほめ言葉は言われる人しか成長しないんですか？

第Ⅳ期（12・1月）
ディベートステップ2

●**A**　それは、……。
●**司会**　はい、そこまでです。
お〜。お〜。

> **（解説）**
> 　質問はその場の対応ですので、切り返すことが難しいです。ただ、質問されたことに対して答えられないとなると、意見がまとまっていないと判断されるので、意見が弱くなります。
> 　あらかじめ、どんな質問がくるのかを班で予想をして、準備をしておくことも必要です。チーム戦ですので、担当になった人だけの責任ではないというフォローが必要になります。

（Bの反駁）中村さん

　さっきの質問のことを言うんですけど、下堂薗君が佐竹さんに質問した時に、私たちが立論に対して質問したじゃないですか。それについて立論がちゃんと分かっていなかったので、私たちは納得できません。そして、ほめ言葉は、言われる側だけ成長すると立論が出ていたんですけど、私たちの意見は、言われる側だけじゃなくて、周りにみんないるじゃないですか。だから、その人のことも見て、前ここの班に聞いた時に、友達の良さも知れるって出てたんですけど、それで周りの人が、その人のことも相手のことも二人のことを見て、見ながら成長できるので、立論は納得できません。

> **（解説）**
> 　反駁では、立論と質問についての意見を述べます。相手の主張やその論の弱さ、自分たちの主張などを織り交ぜながら総合的に意見を述べる必要があります。
> 　立論のように事前の準備がなかなかできないものなので、反駁

| 第Ⅰ期 | 第Ⅱ期 | 第Ⅲ期 | **第Ⅳ期** | 第Ⅴ期 |

> ができるようになるまで、ある程度、練習が必要になります。

●**司会** 次は作戦タイムです。時間は30秒です。

（Aの反駁）鶴君

ほめ言葉は言われるだけでなく、中村さんが言ったように、先程、第一反駁で言ってましたが、ぼくたちも質問タイムでは、きちんと対話をしているんですよ。コミュニケーション力で、対話をしているんですよ。だとしたら、こっちは、コミュニケーション力があり、質問タイムでも果たしているんですよ。だから、質問タイムでも成長できるときちんと言えます。あと、友達の良さも知れると言っていましたが、質問タイムでも、相手のよさが導き出される、新しい発見ができるんですよ。だから、質問タイムの方が成長を促すことができます。

●**司会**：次は、作戦タイムです。どうぞ。

> **（解説）**
> 　第二反駁では、今までの話の全てに対して意見を述べます。第一反駁と同様に難しい役割です。
> 　役割分担をする際には、反駁をする人は、総合的に話すことができる人を選ぶことも大切です。チーム戦であることを常に意識させ、役割を押し付けるのではなく、得意なことや不得意なことなどを考えさせて分担することが勝敗に関わることも教えていくも大切です。

（Bの立論）田口さん

私たちのラベルは、「自力で人を成長させることができる」です。まず、質問タイムです。質問タイムは出されたお題に対して考えます。ほめ言葉は自分で考えてまとめます。そうすれば脳がよくはたらくのは、ほめ言葉だと言えますし、人を自力で成長させられます。それイコール

第Ⅳ期（12・1月）
ディベートステップ2

ほめ言葉の方がいいと思います。自分が成長すると相手も成長するので、これもメリットだと考えられます。そして、結果的に私たちが言いたいのは、お題に頼らずに、自分で見付けて、自分で考えられるからです。これで終わります。審判のみなさん、この意見を忘れないでください。

> **（解説）**
> 　最後には、教師が勝敗を決めるのではなく、審判（児童）が勝敗を決めます。このことを意識して、「審判のみなさん」と呼びかけています。聞く相手をきちんと理解した発言をしています。
> 　審判を児童にさせることで、聞く力を高めます。また、勝敗を決める責任をもたせることができます。

●**司会**：残り10秒です。

　結果的に私たちが言いたいのは、お題に頼らず自分で見つけて自分で考えるからです。これで終わります。

> **（解説）**
> 　主張をしっかり伝えるために時間いっぱい話をします。
> 　また、ラベルを再度、伝えることで、何を伝えたかったのかを印象付けています。

●**司会**：ちょうど1分です。今から作戦タイムです。30秒です。

（AからBへの質問）質問：山口さん　回答：川上君
- ●A　自分が成長するとなぜ相手も成長するんですか？
- ●B　自分が……。自分が成長すると？
- ●A　なぜ相手も成長するんですか？なぜ相手も成長できるんですか？
- ●B　自分が成長すると、それを見習ってというのもあって、成長できるんだとぼくは思っています。

第Ⅰ期 第Ⅱ期 第Ⅲ期 **第Ⅳ期** 第Ⅴ期

●A　今さっき、頭が回転するとか何とかかんとか……。
●B　脳がはたらく。
●A　あ〜って言ったんですけど、質問タイムでも、急に質問されても脳がはたらくと思うんですけど、それは、どう思われますか？
●B　ほめ言葉は一部のところだけでも見付けていて、まだ見付けていなくても見付けようという気があって、脳がはたらくと思います。
●A　質問タイムでも、相手の心、えっと、気持ちを、えっと、知ろうという気持ちがあるんです。ですけど、それをどう思いますか。
●司会：残り10秒。
●B　知ろうという気持ちが……？　それは……。
●司会：1分です。終わりです。作戦タイムは30秒間です。

> **（解説）**
> 　質問を理解して、すぐに答えなければいけないので、役割分担の際に、得意な人を選ぶことも必要です。

（Aの反駁）石田君

　自分も成長できると相手も成長できると思いますと川上君は言っていました。その意見は認められません。「思います」ということは、自分だけの意見なので、みなさんの意見ではありません。ということで、その意見は立証されません。頭が質問タイムでもはたらくと言っていて、川上君は、その質問に戸惑っていたので、質問タイムも頭がはたらくということが認められます。ということは、ほめ言葉は、頭がはたらくし、

第Ⅳ期（12・1月）
ディベートステップ2

　質問タイムも頭がはたらくから、頭がはたらくことに関しては、質問タイムもどっちもどっちなので、質問タイムの方が成長を促します。それで、自分が成長すると、なぜ相手も成長するかというと、川上君は、質問をあんまり分かっていなくて、変な答え方になってしまったので、あまり自分たちの立論に対して分かっていなかったので、その意見も認められません。

> **(解説)**
> 　ディベートでは、「〜と思います」と言う表現は、「思っているだけ」ととらえられるので、意見が弱い表現となります。「〜ですよね」という断定的な表現を用いるよう指導する必要があります。
> 　ディベートは相手の立論をどう崩していくか、どう自分の立論を押し通すかがポイントとなります。

(Bの反駁) 秋葉君
●司会　次は、Bからの第二反駁です。時間は1分間です。
　今の反駁で、川上君が質問に対して、質問の意味が分からなくて変な答え方をしたと言っていましたが、変な答え方と抽象過ぎて意味が分かりませんでした。それに、山口さんは、川上君の質問の答えに対しても質問することができたので、最悪でも山口さんは川上君の答えを納得して質問したので、間違いありません。なので、その反駁はつぶれます。それに、今の反駁では、ほめ言葉は頭がはたらく、しかし、質問タイムは頭がはたらくと言っていたのですが、反駁に対してほめ言葉より質問タイムの方がいいと言っていませんでした。なので、ほめ言葉と質問タイムが同じということで、ほめ言葉もいいところがあり、質問タイムもいいところがあると。ほめ言葉より、質問タイムがいいということは言っていなくて、ぼくらの立論では、質問タイムよりほめ言葉の方がいいと言っていて、あなた方は、ほめ言葉を上回る質問タイムの意見・反駁を言っていなかったので、その意見は認められません。

> **（解説）**
> 　立論、質問、第一反駁に対する意見を述べるので、総合的な発言が求められます。最後の主張なので、判定に大きな影響を与えます。

（判定・感想）

- **司会**　それでは、Aチームのこちら側がよかったと思う人は、スタンドアップ。立ってください。
- **司会**　次は、Bチームのこちらが勝ったと思う人。分かりました。それでは座ってください。両方目を開けてください。A側が３票で、B側が２１票でした。
- **司会**　ディベートについて意見をどうぞ。
- **C01**　A側は、鶴君の立論だっけ。何か、曖昧だった。Bチームの方は早口で言っているし、川上君にはちょっと悪いんですけど、答え方が曖昧だったからと思ったので。
- **司会**　ありがとうございます。
- **C02**　私がAチームが勝ったと思う理由は、Bチームの人の方は、自分は当然考えられないじゃないかというような決め付けが、Aチームもあったんですけど、ちょっと多かったんじゃないかなと思ったのと。Aチームの山口さんの質問の仕方が相手が曖昧に答えていたところに、着目して、さらに深く質問するのが大人みたいだなと、そこに感心しました。
- **司会**　はい。ありがとうございました。とてもよかった試合だったと思います。敗者復活戦があるから。もしかしたら。手を繋いで仲良く終わりましょう。握手。
- **菊池**　こちらは拍手で終わりましょう。

第Ⅳ期（12・1月）
ディベートステップ2

> **（解説）**
> ディベートの判定の理由やどうしていたらよかったのかという振り返りをすると、今後の話し合いの工夫や改善に繋がります。

- ●**菊池**　3つの筋が最後まで引っ張れなかったね。一番のポイントが。
- ●**中村**　相手に反駁するっていうのが頭になかったから、この立論が強調されていなかった。
- ●**元山**　自分のいいところばっかり言うというのも、ありなんだけど、それが意見として成り立つかということ。
- ●**菊池**　そこが一番の争点となったら深まったわけで、一番ポイントとなることは言ってくれてたんだ。一番のぶつかるところはここだったんだけどね。見える化しているところは評価的によかった。

第Ⅴ期 (2月)
対話ステップ3

第Ⅴ期 (2月)
対話ステップ3
考え続ける学びの体験

菊池道場　道場長
菊池省三

■真のアクティブ・ラーナーを育てる

○対話指導の最終ステップです。話し合いの価値を自覚し、技法を身に付け、他者と考え合う楽しさを身に付けた子どもたちは、真のアクティブ・ラーナーへと育っていくのです。様々な考え方をもった友達との対話を通して、自己内対話を繰り返し、考え続ける人間を育てる段階です。

○最終学年の3学期には、「自分たちでより良い学級集団を育てていこう。そのためにも本音も言える学級であろう」といった雰囲気が強く出ています。係活動では、「菊池学級を究極にする会」「自己否定係」「菊池学級の元気の元」といった係も誕生しています。また、「個性を出し合い、磨き合う温かさと厳しさを当たり前にしよう」といった声も多く聞かれていました。係活動を超えた集団活動が続々と自然発生的に生まれました。確立した個とそれらが集まった集団に成長していきました。

○ここでは主に元山さんと毎熊さんを取り上げます。元山さんは、活発に意見を述べるのですが、自分の意見を押し通そうとするところがまだ残っていました。他者の意見を受け入れて、自分の中で深く考え続けるという学びをここでは実現しています。毎熊さんは、話し合いを引っ張るというタイプではありませんでした。しかし、この学習では、他者との対話を繰り返しながら、深く自分の考えを振り返っています。それだけではなく、自分自身の内面の成長を客観的に振り返り、「話し合いが私を変えてくれた」とまで卒業前には語っています。

第Ⅰ期　第Ⅱ期　第Ⅲ期　第Ⅳ期　**第Ⅴ期**

> 👆 **指導のポイント**
>
> 1. 学習の進め方は、基本的には子どもたちに任せる
> 2. インタビュー、作文などの振り返りの方法を多様に行う
> 3. 教師は、個の内側の変容を重視した評価を行う
> 4. 対話・話し合い学習と自己の成長をつないで考えさせる

教材「海の命」（平成26年度　光村版国語教科書6年）

1. 学習の進め方は、基本的には子どもたちに任せる

①討論のテーマ

討論のテーマは、「太一の気持ちがガラリと変わったのはどこか」に設定した。一読後に与えたテーマである。

すぐに子どもたちの中から、いくつか質問が出てきました。
「ガラリと変わったのは心理的にですか、行動的にですか」
「変わったところとは、場面ですか、文ですか、言葉ですか」
といった内容でした。話し合う中で、「変わったところは行間でもいいのか」といった新しい意見も出てきました。

担任の私からは、
「それら全て今は決めないでおきましょう。話し合いをしていく中で見

第Ⅴ期 (2月)
対話ステップ3

えてくるはずですから」
とだけ伝えました。
また、元山さんから、
「これは絶対解ですよね」
という問いがありまたので、それについても少し話し合いを行いました。
私の意見も求められましたので、
「限りなく絶対解に近い納得解」
と、私の考えを述べました。
このような流れで、話し合いの流れを決定しました。授業時間は7時間と示し、最後の話し合いをスタートさせました。
とりあえずの子どもたちの意見は、以下のようになりました。
・P.194〜P.195・・・・・・・・1名
・P.200L4・・・・・・・・・・・・・・13名
・P.200L5〜L6行間・・・・・・2名

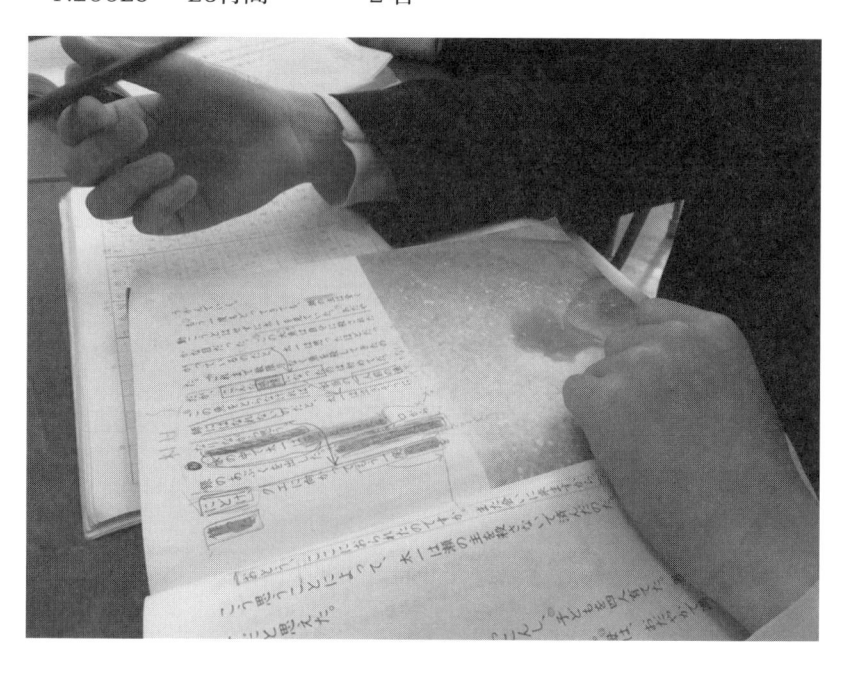

| 第Ⅰ期 | 第Ⅱ期 | 第Ⅲ期 | 第Ⅳ期 | 第Ⅴ期 |

- P.200L6・・・・・・・・・・・・・・・10名
- P.200L7・・・・・・・・・・・・・・ 1名
- P.201・・・・・・・・・・・・・・・・ 4名　　（3名欠席）

②白熱し続ける教室
□個人（意見を考える）

　まずは、個人で理由をごく自然に考え始めました。今までの学習の流れが定着していることが分かります。

　「ノートは作戦基地」「話し合いは戦だ」という言葉を、子どもたちは理解していました。複数の理由が十分に書けていなければ、白熱する話し合いには参加できないということを学んでいるからです。教科書の言葉を大切にしながら、国語辞典や電子辞書を使って、自分なりのノートを作り上げていきました。図書室に行き、作者である立松和平の著書を探して持ってくる子どもも多数いました。

　少しずつ教室に緊張感が出てくる時です。子どもたちは、それを楽しむかのように個人の学びを進めていきました。

231

第Ⅴ期（2月）
対話ステップ3

　理由をある程度考えた子どもたちは、同じ立場の友達のところに自由に立ち歩いて行き、自然なかたちで相談を行い始めました。もちろん教師方の指示は何もしていません。自発的な動きです。

□同じ立場のグループ（意見拡大）
　次に、同じ立場の友達と集まって、チームとしての話し合いが始まりました。ミニホワイトボードや画用紙を使って「見える化」を図りながら、意見を練り上げていきました。

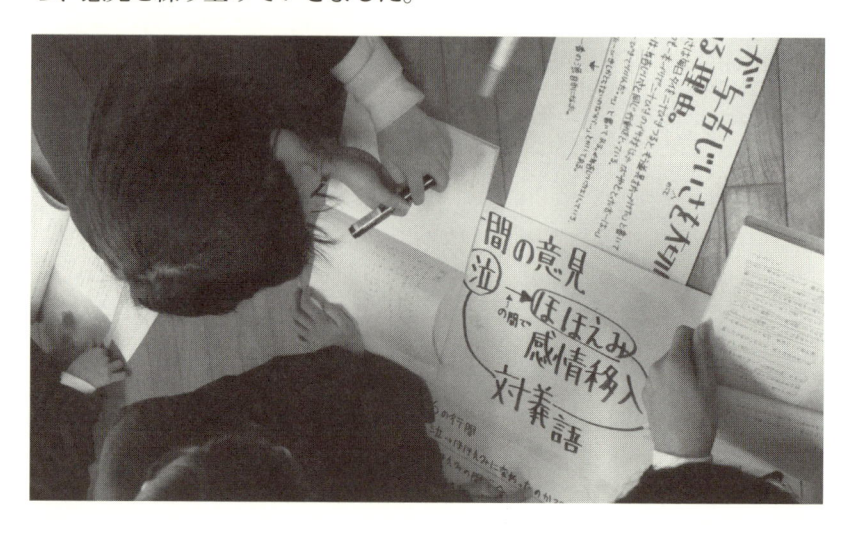

第Ⅰ期 第Ⅱ期 第Ⅲ期 第Ⅳ期 **第Ⅴ期**

□全体発表（意見出し合い）

　各チームから最初の意見が出されました。「見える化」した資料を示しながら、次々と発表していきました。

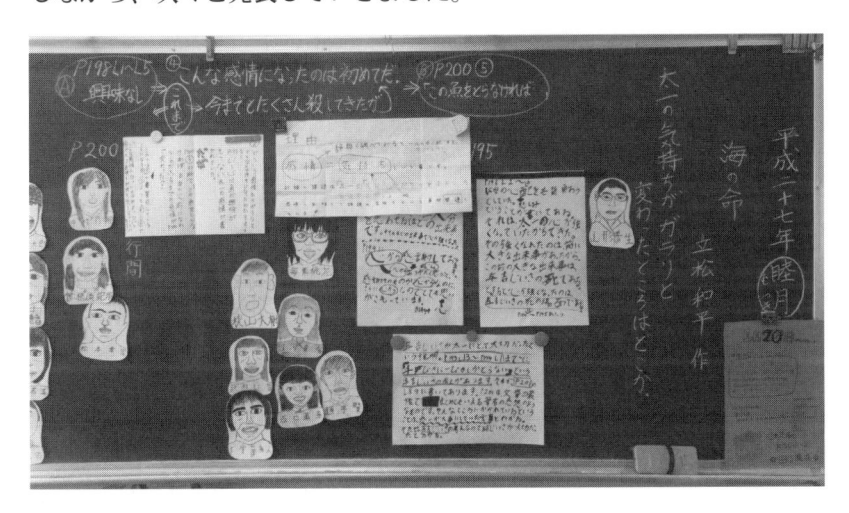

□同じ立場のグループ（反論準備）

　この時点での全ての意見が出された後は、各チームで、他のチームの意見に対して質問や反論の準備に入りました。

第Ⅴ期（2月）
対話ステップ3

□**全体話し合い（質疑反論）**

　準備ができたところで、少人数による話し合いが始まりました。今までと同じように、人数の少ないチームへの質問と反論から始まりました。

　激しい質疑や反論が繰り広げられましたが、最初に決めた立場を変える子どもはいませんでした。自分の意見に固執しているということではなく、話し合いが白熱する状態とそれによって自分の考えが揺れ動くことを楽しんでいるような雰囲気でした。

　その時のことを、石田君は次のように私のインタビューで答えています。

　お互いがまだ十分に深まっていないと分かっていたからだと思います。始まったばっかりだから、もっともっと考えが深まって、気付いていないところに行けるような気がしていたんだと思います。
　作者の立松和平さんの思いや、物語の本当に伝えたいことが分かっていないと直感で分かっていたからです。
　今変わるよりも粘った方が、自分のためになると思っていたからです。

| 第Ⅰ期 | 第Ⅱ期 | 第Ⅲ期 | 第Ⅳ期 | **第Ⅴ期** |

具体的には、以下のような話し合いが行われていました。内川君と魚住さんが中心の話し合いの実際です。途中で菊池も介入しています。

●**魚住** ちょっと待って。二人から来られたら答えられないよ。
●**石田** 微笑むってことは、微笑みってこと？（電子辞書を片手に）
（二人の周りで数名がざわつく）
●**内川** 表情だけで…だけなんでしょ。
●**魚住** 声を出さないって声を表すことにどうしてそういうことになるの。
●**内川** 表情だけってことは気持ちってことでしょ。
●**石田** 表情以外じゃないじゃない。
●**内川** 表情以外じゃなしと書いてるんですよ。
●**菊池** じゃあ、なぜ、自分たちでチームで今話し合いしとるんよ。
●**魚住** 表情に出るっていうことは気持ちがあるってことやん。やないとなんで……
●**内川** でも表情だけって笑いもありますよ。

235

第Ⅴ期 (2月)

対話ステップ3

- ●魚住　やけんそれは声がないってことでしょ。
- ●内川　それが微笑なんです。
- ●魚住　やけんそれは表情だけで声を出さずに笑うことよ。(辞書を見ながら)
- ●内川　じゃあ気持ちって書いていますか。気持ちが入っていると書いてますか。
- ●魚住　でもそれは物語によって違うやろ。それまでに作り笑いっていうこともあるけれど、こっちでは作り笑いではないんよ。普通に笑ったんよ。
- ●小川　笑ったんよ。
- ●魚住　物語によって違うから、感情が絡んでるか絡んでないかは物語によって違うんよ。
- ●内川　じゃあそれを立証してよ。
- ●魚住　じゃあなんで立証できないの。逆に。
- ●内川　そっちが立証できていないから、(山形　ちょっといいですか) 僕は立証してって言ってるの。それを早く言ってよ。
- ●山形　ちょっといいですか。ちょ、ちょっといいですか。
- ●魚住　ちょっと待ってくださいよ。
- ●山形　すみません。(皆に笑いが起こる)
  資料とかそういうのを見れば、立証できるの？
- ●菊池　だから、今面白いところは物語によって違う。そのとおりだから。うん。うん。そのとおり。いや、その辞書的な意味がすべてに当てはまるわけではないんだから。いい？
- ●内川　可能性が高い。
- ●菊池　この、いや、可能性が高いっていうのも立証しないと、立証責任があるわけだから……。
- ●魚住　こちら側の解釈ではよ、あくまでも。

- ●菊池　そこの立証の試合で、その…そこはそこで勝負がつくっていうことだよね。今の辞書の問題だけではない。うん。
- ●魚住　じゃあ、うっちーに説明するけど、こっちのね、解釈的に言うとね。
- ●菊池　それは後で言った方がいいんじゃない。
- ●魚住　あぁはい。そうですか。

2. インタビュー、作文などの振り返りの方法を多様に行う

□個人思考（自問自答）

　個の変容を見るために、作文だけではなく、教師のインタビューも活用します。元山さんの例です。

　元山さんは、風邪で数日欠席していました。それもあってか、友達からの反論に答えられず、自分の立場を変わることになりました。その時の私とのやり取りと、授業後の感想です。

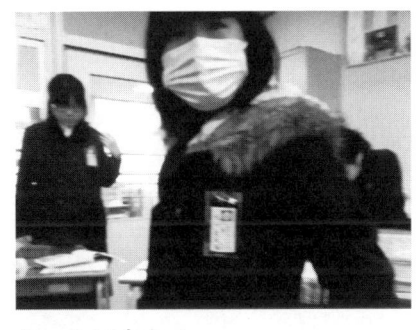

- ●菊池：元山さん、違うグループに行っていいよ。
- ●元山：いや、行きたいんですけど、（私が）休んでたじゃないですか。そして、意見がわからないというのもあるし、まだ納得ができないんですよ。
- ●菊池：なるほどね。
- ●元山：内川君のさっきの質問を理解できなかったというのもあって、次、松本君がそこで変えてくれるって言ってる

第Ⅴ期（2月）
対話ステップ3

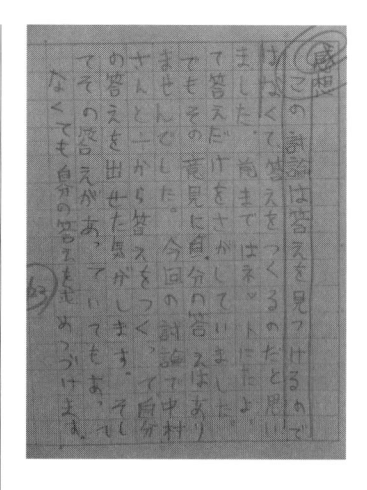

からもうちょっと（考えます）

　否定されたからとりあえず違う立場に、といった安易な考えではありません。自分が納得するまで考え続けようとする強さを感じます。「人と意見を区別する」「意見は進化し続けるもの」といった考え方を、完全に自分のものにしているのです。

3．教師は、個の内側の変容を重視した評価を行う

　元山さんのような、自分が納得するまで考え続けようとする子どもが増えてきました。そうすることによって、「解」を見つけようとするレベルではなく、自分自身が強い学び手に成長したいと願う子どもに育ってきました。

◎授業後の感想から

1．力があるからねらわれる。石田君や秋葉君や中村愛海さんのような、人のたくさんいる中でもねらわれる、そんな人になりたいで

す。(鶴君)
2．私は、宮崎君に納得させられているときに、自分の国語力と考える力のなさに泣きそうになってしまいました。おかげで自分の欠点に気付けました。(尾田さん)
3．私の頭を誰かにほぐしてほしいと思っています。チビチビと一人でするより、誰かをたよりたい気持ちでいます。ただ。たより過ぎないように気をつけます。(佐竹さん)
4．今日ミニ討論したときに、答えられた部分もあるけど、答えられなかった部分の方が多かったです。そのときは、もちろん白熱しました。白熱は個を育てるんだなと思いました。(石田君)
5．今日、自分の弱さを分かりました。僕は覚える頭でした。これからは考える頭にする。そして、自分の勉強になりました。(秋山君)
6．Yさんは、まわりの人に甘えていると思いました。Yさんをフォローすると同時に、きびしく接することも大切だと思いました。(魚住さん)
7．秋葉君や石田君が、話してくれたり反論してくれたりしてくれました。いつもより自分の意見を言えたので、自分でもよかったと思いました。次の国語の時も秋葉君と戦いたいと思います。(田口さん)
8．最後に内川君と討論(白熱)しました。久しぶりに楽しく感じられました。この出来事を引っ張って、上の方へいきたいです。(小川さん)
9．やっと変われたので、意見を作り、発表できたらなと思いました。(下堂薗君)
10．私は、上手く言えなくて、とても悔しい気持ちでいっぱいでした。「まだノートにメモしておかなくちゃスムーズに発表できないレベルだな……」と思っています。だから、積極的になることも大切だし、自分をもつことも大切です。でも、これを分かっていてもできないところが悔しいのです。(江河さん)

第Ⅴ期 (2月)
対話ステップ3

4. 対話・話し合い学習と自己の成長をつないで考えさせる

　考え続ける強い学び手に育ってきた子どもたちの中に、毎熊さんという女の子がいます。5年生の3学期に転校してきた女の子です。転入したころは、ひかえめで自分を出すことがほとんどなかったのですが、1年間の話し合い授業で大きく成長しました。

　毎熊さんの卒業後に行ったインタビューと卒業前に彼女が描いた自分の成長マンガの一部です。(全編は「人間を育てる　菊池道場流　作文の指導」(中村堂刊) 参照)

　なぜインタビューをしたかというと、「やまなし」の授業あたりから、人の意見に引っ張られるのではなく、自分の考えで話し合いに進んで参加するようになったからです。「海の命」では、堂々と自分の意見を伝え、考えが変われば潔く立場を変えて考え続けていたからです。そこに私は、彼女の内面の大きな成長を感じ取っていたからです。

●菊池　だから、その時は200ページの4行目のとこ、いや4文目のところに毎熊さんは先に言っていたんよね。その時に、5、6人はいたよね。同じところで。そこの意見を言おうとして、もし反論がでてきたら、他の人にも少し大げさかもしれないけど、影響があると、いう心配はあったというわけね。

●毎熊　心配はありました。

●菊池　そして、実際にそういう反論は出てきたよね。そして、先生から見るととても潔かったなと思うんだけど、確か

に5、6人いたんだけど、同じメンバーが、チームが。でも、割とさっと変わったよね。そのあたりっていうのは、以前毎熊さんではなかったんじゃないかなと思うんだけど、そこはどうなん？

- ●毎熊 そのなんていうか秋山さんと、その、なんというか坂口さんとか江川さんとかは先生に言われて変わったじゃないですか。
- ●菊池 最終的にね。
- ●毎熊 それをその、私はそれを見ていると、やっぱり、その、自分の意見っていうのをちゃんと整理してやっていなかったから、その、相手の心、その、相手の気持ち、が…その、なんというか
- ●菊池 だから、自分が整理していなかったら、相手の意見も受け入れることも難しい。
- ●毎熊 はい。

第Ⅴ期 (2月)
対話ステップ3

> ●菊池　まぁ、お互いが水掛け論みたいになって、ああじゃないとこうじゃないとっていうだけになるんじゃないかっていう。あっなるほどね。だから、相手を受け入れて相手に、ほんとにこう反論できるっていうことは、ここに書いてある、細部を見ないとっていう、自分の意見も整理する、相手の意見も整理しながら、聞く、そこで考えるっていうことが言ってみれば、そういう考え方が細部というふうにいっても言いわけ…？
> ●毎熊　はい。
> ●菊池　なるほどね。そう言ってみると、なるほど。あああああああ、だから、それが、今まで自分が整理できるようなものをもとうという気持ちもなかったかもしれないし、もててなかったという難しさがあったということで。相手がこう言うことに対しての恐怖心みたいなものが意外と強かったという。
> ●毎熊　はい。
> ●菊池　なるほど、そういったその細部にこだわって整理ができるからある意味潔く変わるっていうことが、自分の中で腑に落ちて納得できるわけ？
> ●毎熊　（うなずく。）
> ●菊池　うん。あぁ、なるほどね。よくわかったな、今の。

　この後もインタビューは続きました。そこには、転入当時とは違う、白熱した討論を何度も経験して、「自分が納得するまで考え続ける」ことのできる、自分を見付けた自信あふれるたくましい毎熊さんを感じました。

おわりに

　卒業前の「試練の10番勝負」で、「私にとって、話し合いとは何だったのか？」というテーマで作文を書かせました。その中から、一人の子どもの作文を紹介します。6年生になり担任した女の子です。

****

「新しい自分に出会って」

佐竹穂香

　私たちの6年1組は、1年間白熱する話し合いをしてきました。34人全員で白熱する教室をつくってきました。
　このことは、自信を持って言えることだと思います。
「菊池学級」になる前までは、私は、みんなの前で意見を言うことが恥ずかしくてなかなかできませんでした。そんな私が、ガラリと変わったのです。新しい自分に生まれ変わったような気がしています。
　私にとって話し合いとは、自分の可能性を新しく生み出す行為だと思います。そのように考えた理由を3つ書きます。
　1つ目は、話し合いのテーマや議題に対する新しい発見ができるからです。いろんな人と対話や話し合いをすると、その事について新しい考えや深い考えにたどり着くことがよく分かったからです。
　2つ目は、相手の友だちのことがよく分かり、その友だちを通して自分のことも新しく知れるということです。菊池先生は、「人間は複雑です」とよく話します。言葉をたくさん交わすと、相手の思っていることやものの見方などがよく分かります。人間って不思議だなぁと思えます。そして、自分のことも分かってくるのです。
　3つ目は、自分自身への感謝の気持ちが持てるということです。対話や話し合いをしていると、どんどん今までとは違う自分に気づかされます。相手の言葉引っ張られるように、新しい自分が出てくる感じがするからです。

この3つが、1年間みんなと対話や話し合いをしてきた感想です。「人間は変わることができる」ということを学びました。新しい自分に出会えたのですから。
　私たちは、「菊池学級」を卒業します。でも、これからも対話や話し合いを大切にします。これから出会ういろんな人と、考え合って成長していきます。変わることができるその可能性が分かったのですから。
＊＊＊＊＊＊＊＊＊＊＊＊＊＊＊＊＊＊＊＊＊＊＊＊＊＊＊＊＊

　1年間で大きく成長していることを、担任として本当にうれしく思いました。真面目だけれども、自分を出せないで静かに教室の中にいた彼女の大きな成長に感動したのです。
　対話・話し合いの内容への理解を深め、友だちとの温かい関係を通して自分への理解を深め、考え続けようとする彼女の姿に、言葉のもつ人間を育てる力の強さを感じています。

　本著は、言葉の力を信じることができるようになった菊池学級の子ど

もたちの事実が書かれています。「白熱する教室」の1年間の記録です。
　「ことばを育てることは　こころを育てること　ひとを育てること　教育そのもの」という大村はま先生のお言葉を思い出します。私が教師になったころに知った言葉です。ずっと私が大切にしている言葉です。
　考え続ける人間へと成長している子どもたちから、ほんの少し、大村はま先生のお言葉に近づけたのではないかと思っています。

　私たち菊池道場は、「白熱する教室」を全国の教室にも広げていこうとしています。今とこれからの教育には絶対に必要な教育のあり方だと信じているからです。本著を作るにあたって、菊池道場の先生方には、本当にお世話になりました。また、中村堂社長中村宏隆氏には、筆がなかなか進まない私たちをねばり強く励まし続けていただきました。
　改めて感謝申し上げます。ありがとうございました。
　これまで言葉だけで説明されてきた対話・話し合いの指導のあり方が、画像と子どもたちの実際の言葉で示せたはずと自負しています。
　本著が「白熱する教室」づくりに挑戦する先生方に少しでも役に立てば幸いです。

　　　2016年1月　　　　　　　　　　菊池道場　道場長　　菊池省三

・本書の写真は、本人および保護者の承諾を得て掲載しています。
・本書に収録している授業では、平成26年度光村図書版小学校6年用国語教科書を使用しています。

〔著者紹介〕

菊池省三（きくち・しょうぞう）
　1959年愛媛県生まれ。「菊池道場」道場長。元、福岡県北九州市公立小学校教諭。山口大学教育学部卒業。文部科学省の「『熟議』に基づく教育政策形成の在り方に関する懇談会」委員。
【主な著書】『価値語100　ハンドブック』『一人も見捨てない教育の実現　挑戦！四国四県からの発信！』『挑む　私が問うこれからの教育観』、『人間を育てる　菊池道場流　作文の指導』『「話し合い力」を育てる　コミュニケーションゲーム62』(以上、中村堂)『小学校発！　一人ひとりが輝く　ほめ言葉のシャワー　1～3』(以上、日本標準)他多数。

中山智文（なかやま・ともふみ）　広島県廿日市市立大野東小学校勤務
林田　渉（はやしだ・わたる）　　福岡県飯塚市立蓮台寺小学校勤務
大西一豊（おおにし・かずとよ）　大分県大分市立西の台小学校勤務
中國達彬（なかくに・たつあき）　広島県府中市立府中小学校勤務
重谷哲生（しげたに・てつお）　　広島県廿日市市立大野東小学校勤務
田中聖吾（たなか・せいご）　　　福岡県北九州市立大原小学校勤務
谷川康一（たにがわ・こういち）　福岡県久留米市立善導寺小学校勤務
橋本慎也（はしもと・しんや）　　熊本県熊本市立向山小学校小学校勤務
錦織謙一（にしこおり・けんいち）宮崎県宮崎市立恒久小学校勤務

※すべて2016年2月1日現在

1年間を見通した　白熱する教室のつくり方

2016年3月10日　第1刷発行
2016年5月1日　第2刷発行

著　者／菊池省三　菊池道場
発行者／中村宏隆
発行所／株式会社　中村堂
　　　　〒104-0043　東京都中央区湊 3-11-7
　　　　湊 92 ビル 4F
　　　　Tel.03-5244-9939　Fax.03-5244-9938
　　　　ホームページアドレス　http://www.nakadoh.com

印刷・製本／新日本印刷株式会社

◆定価はカバーに記載してあります。
◆乱丁・落丁の場合はお取り替えいたします。
ISBN978-4-907571-24-5